国铁企业管理人员
应知应会国家法律汇编学习大纲

《国铁企业管理人员应知应会国家法律汇编学习大纲》编委会　编著

中国铁道出版社有限公司
CHINA RAILWAY PUBLISHING HOUSE CO., LTD.

图书在版编目（CIP）数据

国铁企业管理人员应知应会国家法律汇编学习大纲 / 《国铁企业管理人员应知应会国家法律汇编学习大纲》编委会编著 . -- 北京：中国铁道出版社有限公司，2024. 11（2025. 5 重印）. -- ISBN 978-7-113-31720-1

Ⅰ. D920.9

中国国家版本馆 CIP 数据核字第 2024QF3992 号

书　　名：国铁企业管理人员应知应会国家法律汇编学习大纲

GUOTIE QIYE GUANLI RENYUAN YINGZHI YINGHUI GUOJIA FALÜ HUIBIAN XUEXI DAGANG

作　　者：《国铁企业管理人员应知应会国家法律汇编学习大纲》编委会

责任编辑：付巧丽　　　　**编辑部电话：**（010）51873179

封面设计：高博越

责任校对：刘　畅

责任印制：高春晓

出版发行：中国铁道出版社有限公司（100054，北京市西城区右安门西街 8 号）

网　　址：https://www.tdpress.com

印　　刷：北京联兴盛业印刷股份有限公司

版　　次：2024 年 12 月第 1 版　2025 年 5 月第 4 次印刷

开　　本：787 mm×1 092 mm　1/16　**印张：**14.75　**字数：**191 千

书　　号：ISBN 978-7-113-31720-1

定　　价：68.00 元

编委会

出版说明

按照中共中央办公厅、国务院办公厅《关于建立领导干部应知应会党内法规和国家法律清单制度的意见》的工作部署，为加强国铁企业管理人员的法治宣传教育，中国国家铁路集团有限公司组织编写了《国铁企业管理人员应知应会国家法律汇编》（以下简称《汇编》）。为帮助管理人员更好理解掌握应知应会内容，促进法律知识学习入脑入心、见行见效，我们立足每部法律法规特点，结合国铁企业各业务部门管理工作实际，分析学法需求、梳理重点条文、提炼学习要点，形成了《国铁企业管理人员应知应会国家法律汇编学习大纲》（以下简称《学习大纲》）。

《学习大纲》由学习导读、内容概要、学习目标、学习要求以及关联学法五部分组成，附法律全文及题库二维码并适时动态更新。《学习大纲》是《汇编》的配套读物，也是培训考试的专业教材。各管理岗位人员根据要求，结合本岗位工作实际开展学习。

本书由中国国家铁路集团有限公司企业管理和法律事务部组织编写。田世刚、周红云、王全法、张美厚、刘胜先同志负责本书的统筹指导，王聪同志负责本书的统稿工作，刘丽艳、王倩、刘伟、任永明、严琦、李芳、唐元林、李江斌等同志负责本书的审核把关。在本书的编写及出版过程中，沈阳、郑州、西安、南昌、广州、昆明局集团公司参与了编写工作，北京德恒律师事务所、北京市尚公律师事务所参与了审核校对。对以上单位及人员的大力支持和辛勤付出，在此一并致谢。

对于本书不足、疏漏之处，敬请读者指正。

《国铁企业管理人员应知应会
国家法律汇编学习大纲》编委会
2024 年 12 月

图书题库使用说明

为帮助广大读者更好地学习掌握相关法律知识，本书按不同岗位配备了各部法律专项练习题库，包括单选、多选、填空、判断、名词解释和简答题，并设置了考题解析、笔记、收藏等功能。具体使用说明如下。

1. 进入小程序。使用微信扫描下方小程序图标，访问中国铁道出版社有限公司 TD 铁考帮小程序。

2. 绑定注册码。进入小程序后，点击首页“领取注册码”，扫描封面勒口处小程序注册码进行绑定。

3. 开始练习。点击程序首页左上角选择管理人员对应岗位题库，开启专项练习。

题库小程序

目录

宪法及相关重要法律

现代化铁路基础设施体系相关法律

现代化铁路安全保障体系相关法律

现代化铁路经营管理体系相关法律

现代化铁路治理体系相关法律

宪法及相关重要法律

扫码查阅法律全文

《中华人民共和国宪法》

学习导读

《中华人民共和国宪法》（以下简称宪法）于 1982 年公布，自 1982 年 12 月 4 日起施行，历经 1988 年、1993 年、1999 年、2004 年、2018 年修正。

宪法旨在以法律的形式确认中国各族人民奋斗的成果，规定国家的根本制度和根本任务，保障公民的基本权利和自由，推动依法治国，建设社会主义法治国家，维护国家主权、安全和发展利益。

内容概要

宪法由序言和正文组成。正文共 4 章、143 条，分别为：总纲，公民的基本权利和义务，国家机构，国旗、国歌、国徽、首都。

学习目标

宪法是国家的根本大法，具有最高的法律效力，是治国安邦的总章程，也是保持国家统一、民族团结、经济发展、社会进步和长治久安的法律基础。任何法律、法规都不得与宪法相抵触。国铁企业各管理岗位人员均须学习了解宪法，切实提高法治思维能力，掌握并正确运用相关条款，必须以宪法为根本活动准则，并且负有维护宪法尊严、保证宪法实施的职责。要坚持贯彻依法治企的自觉性，营造办事依法、遇事找法、解决问题用法、化解矛盾靠法的法治环境，积极推进法治国铁建设。

学习要求

各管理岗位：全部章节条款。

关联学法

《中华人民共和国国旗法》
《中华人民共和国国徽法》
《中华人民共和国国歌法》
《中华人民共和国爱国主义教育法》

扫码查阅法律全文

《中华人民共和国全国人民代表大会组织法》

学习导读

《中华人民共和国全国人民代表大会组织法》(以下简称全国人民代表大会组织法)于1982年公布,自1982年12月10日起施行,2021年修正。

全国人民代表大会组织法旨在健全全国人民代表大会及其常务委员会的组织和工作制度,保障和规范其行使职权,坚持和完善人民代表大会制度,保证人民当家作主。

内容概要

全国人民代表大会组织法共5章、49条,分别为:总则,全国人民代表大会会议,全国人民代表大会常务委员会,全国人民代表大会各委员会,全国人民代表大会代表。

学习目标

全国人民代表大会组织法通过规范全国人民代表大会及其常务委员会的组织和工作制度,保障人民当家作主的权利,是全国人民代表大会及其常务委员会行使职权的重要法律依据。国铁企业各管理岗位人员均须学习了解全国人民代表大会组织法,按照规定做好与全国人民代表的沟通联系,切实落实各项任务部署，积极争取政策支持，践行新时代国铁企业使命担当。

学习要求

各管理岗位：全部章节条款。

关联学法

《中华人民共和国宪法》

《中华人民共和国国务院组织法》

《中华人民共和国地方各级人民代表大会和地方各级人民政府组织法》

扫码查阅法律全文

《中华人民共和国国务院组织法》

学习导读

《中华人民共和国国务院组织法》（以下简称国务院组织法）于 1982 年 12 月 10 日公布，2024 年 3 月 11 日修订，自公布之日起施行。

国务院组织法旨在健全国务院的组织和工作制度，保障和规范国务院行使职权。

内容概要

国务院组织法共 20 条。

学习目标

国务院组织法通过明确国务院组成、职责和工作方式，确保政府职能的正确履行，提高政府治理体系和治理能力现代化水平。国铁企业各管理岗位人员均须学习了解国务院组织法，按照规定做好与国务院相关部门的沟通联系，切实落实各项任务部署，积极争取政策支持，推进国铁企业健康发展。

学习要求

各管理岗位：全部条款。

关联学法

《中华人民共和国宪法》

《中华人民共和国全国人民代表大会组织法》

《中华人民共和国地方各级人民代表大会和地方各级人民政府组织法》

扫码查阅法律全文

《中华人民共和国监察法》

学习导读

《中华人民共和国监察法》（以下简称监察法）于2018年3月20日公布，自公布之日起施行，2024年修正。

监察法旨在深入开展廉政建设和反腐败工作，加强对所有行使公权力的公职人员的监督，实现国家监察全面覆盖，持续深化国家监察体制改革，推进国家治理体系和治理能力现代化。

内容概要

监察法共9章、78条，分别为：总则，监察机关及其职责，监察范围和管辖，监察权限，监察程序，反腐败国际合作，对监察机关和监察人员的监督，法律责任，附则。

学习目标

监察法对监察工作的职责、权限和程序等相关内容作出了基本规定，为构建不敢腐、不能腐、不想腐的长效机制奠定了坚实的法治基础。国铁企业各管理岗位人员均须学习了解监察法，纪检岗位人员应当重点掌握并正确运用相关条款，健全工作机制，加强对管理人员的监督，为国铁企业深入推进全面从严治党和反腐倡廉提供有力保障。

学习要求

一、共性内容

各管理岗位：第一章总则，第二章监察机关及其职责，第三章监察范围和管辖。

二、个性内容

纪检岗位：全部章节条款。

关联学法

《中华人民共和国监察法实施条例》

《国有企业管理人员处分条例》

扫码查阅法律全文

《中华人民共和国地方各级人民代表大会和地方各级人民政府组织法》

学习导读

《中华人民共和国地方各级人民代表大会和地方各级人民政府组织法》（以下简称地方各级人民代表大会和地方各级人民政府组织法）于1979年公布，自1980年1月1日起施行，历经1982年、1986年、1995年、2004年、2015年、2022年修正。

地方各级人民代表大会和地方各级人民政府组织法旨在健全地方各级人民代表大会和地方各级人民政府的组织和工作制度，保障和规范其行使职权，坚持和完善人民代表大会制度，保证人民当家作主。

内容概要

地方各级人民代表大会和地方各级人民政府组织法共5章、90条，分别为：总则，地方各级人民代表大会，县级以上的地方各级人民代表大会常务委员会，地方各级人民政府，附则。

学习目标

地方各级人民代表大会和地方各级人民政府组织法是关于地方人大、

地方政府的组织和工作制度的重要法律依据，是宪法关于地方政权建设规定的立法实施，是地方各级国家权力机关、行政机关行使职权、履行职责的重要保障。国铁企业各管理岗位人员均须学习了解地方各级人民代表大会和地方各级人民政府组织法，按照规定做好沟通联系，切实落实各项任务部署，积极争取政策支持，推进国铁企业健康发展。

学习要求

各管理岗位：全部章节条款。

关联学法

《中华人民共和国宪法》

《中华人民共和国全国人民代表大会组织法》

《中华人民共和国国务院组织法》

扫码查阅法律全文

《中华人民共和国民族区域自治法》

学习导读

《中华人民共和国民族区域自治法》（以下简称民族区域自治法）于1984年公布，自1984年10月1日起施行，2001年修正。

民族区域自治法旨在保障各民族合法权益，促进各民族平等、团结、互助、和谐发展，是实施宪法规定的民族区域自治制度的基本法律。

内容概要

民族区域自治法由序言和正文组成。正文共7章、74条，分别为:总则，民族自治地方的建立和自治机关的组成，自治机关的自治权，民族自治地方的人民法院和人民检察院，民族自治地方内的民族关系，上级国家机关的职责，附则。

学习目标

民族区域自治法实现了国家民族区域自治制度化、政策化、法律化，对于保障各少数民族聚居的地方实行区域自治，设立自治机关，依法行使地方国家机关的职权和自治权，维护国家统一及促进民族自治地方发展具有重要意义。国铁企业各管理岗位人员均须学习了解民族区域自治法，提高民族团结意识，自觉维护国家统一。

学习要求

各管理岗位：第一章总则，第二章民族自治地方的建立和自治机关的组成，第三章自治机关的自治权，第四章民族自治地方的人民法院和人民检察院。

关联学法

《中华人民共和国宪法》

《国务院实施〈中华人民共和国民族区域自治法〉若干规定》

扫码查阅法律全文

《中华人民共和国立法法》

学习导读

《中华人民共和国立法法》(以下简称立法法)于2000年公布，自2000年7月1日起施行，历经2015年、2023年修正。

立法法旨在规范立法活动，健全国家立法制度，提高立法质量，完善中国特色社会主义法律体系，发挥立法的引领和推动作用，保障和发展社会主义民主，全面推进依法治国，建设社会主义法治国家。

内容概要

立法法共6章、120条，分别为：总则，法律，行政法规，地方性法规、自治条例和单行条例、规章，适用与备案审查，附则。

学习目标

立法法是一部涵盖国家法律制定和公布程序的法律。国铁企业各管理岗位人员均须学习了解立法法，法律事务岗位人员应当重点掌握并正确运用相关条款，明晰立法目的和立法精神，助力推动国家铁路立法工作，保障国铁企业合法权益。

学习要求

一、共性内容

各管理岗位：第一章总则，第五章适用与备案审查。

二、个性内容

法律事务岗位：全部章节条款。

关联学法

《中华人民共和国宪法》

扫码查阅法律全文

《中华人民共和国民法典》

学习导读

《中华人民共和国民法典》（以下简称民法典）于2020年公布，自2021年1月1日起施行。

民法典旨在保护民事主体的合法权益，调整民事关系，维护社会和经济秩序，适应中国特色社会主义发展要求，弘扬社会主义核心价值观。

内容概要

民法典共7编、1 260条，分别为：第一编总则，第二编物权（包括第一分编通则、第二分编所有权、第三分编用益物权、第四分编担保物权、第五分编占有），第三编合同（包括第一分编通则、第二分编典型合同、第三分编准合同），第四编人格权，第五编婚姻家庭，第六编继承，第七编侵权责任；以及附则。

学习目标

民法典是规范民事活动、保障民事主体合法权益的重要法律依据，涉及自然人、法人和非法人组织在工作和日常生活中的方方面面。国铁企业各管理岗位人员均须学习了解民法典，强化民事权利保护意识，掌握民事责任的界定和承担，促进民事纠纷合理解决，依法开展民事活动，提升依法治企水平。

学习要求

各管理岗位：全部章节条款。

关联学法

《中华人民共和国民事诉讼法》

民法典相关司法解释

扫码查阅法律全文

《中华人民共和国刑法》

学习导读

《中华人民共和国刑法》（以下简称刑法）于1979年公布，1997年修订，自1997年10月1日起施行，历经1998年、1999年、2001年（两次）、2002年、2005年、2006年、2009年、2011年、2015年、2017年、2020年、2023年修正。

刑法旨在惩罚犯罪，保护人民，用刑罚同一切犯罪行为作斗争，以保卫国家安全，保卫人民民主专政的政权和社会主义制度，保护国有财产和劳动群众集体所有的财产，保护公民私人所有的财产，保护公民的人身权利、民主权利和其他权利，维护社会秩序、经济秩序，保障社会主义建设事业的顺利进行。

内容概要

刑法共2编、452条，分别为：第一编总则（包括刑法的任务、基本原则和适用范围，犯罪，刑罚，刑罚的具体运用，其他规定）；第二编分则（包括危害国家安全罪，危害公共安全罪，破坏社会主义市场经济秩序罪，侵犯公民人身权利、民主权利罪，侵犯财产罪，妨害社会管理秩序罪，危害国防利益罪，贪污贿赂罪，渎职罪，军人违反职责罪）；附则。

学习目标

刑法是规定犯罪及其法律后果的重要法律依据。国铁企业各管理岗位人员均须学习了解刑法，综治保卫、安全监督、纪检、法律事务岗位人员应当重点掌握并正确运用相关条款，深化对犯罪的认知，增强刑事法律风险的防范意识，确保国铁企业在法治轨道上运行。

学习要求

一、共性内容

各管理岗位：第一编总则；第二编分则（包括第一章危害国家安全罪，第二章危害公共安全罪，第三章破坏社会主义经济秩序罪，第四章侵犯公民人身权利、民主权利罪，第五章侵犯财产罪，第八章贪污贿赂罪，第九章渎职罪）。

二、个性内容

综治保卫、安全监督、纪检、法律事务岗位：全部章节条款。

关联学法

《中华人民共和国治安管理处罚法》

《中华人民共和国刑事诉讼法》

《中华人民共和国国家安全法》

《中华人民共和国反电信网络诈骗法》

《中华人民共和国反有组织犯罪法》

《中华人民共和国反间谍法》

《中华人民共和国反恐怖主义法》

刑法相关司法解释

扫码查阅法律全文

《中华人民共和国公职人员政务处分法》

学习导读

《中华人民共和国公职人员政务处分法》(以下简称公职人员政务处分法)于2020年公布,自2020年7月1日起施行。

公职人员政务处分法旨在规范政务处分,加强对所有行使公权力的公职人员的监督,促进公职人员依法履职、秉公用权、廉洁从政从业、坚持道德操守。

内容概要

公职人员政务处分法共7章、68条,分别为:总则,政务处分的种类和适用,违法行为及其适用的政务处分,政务处分的程序,复审、复核,法律责任,附则。

学习目标

公职人员政务处分法将宪法确立的坚持党的领导的基本要求具体化、制度化、法律化,使自觉坚持和切实维护党的领导成为公职人员的法律义务。国铁企业各管理岗位人员均须学习了解公职人员政务处分法,组织人事、纪检、审计巡视岗位人员应当重点掌握并正确运用相关条款,规范处分程序,充分发挥政务处分的惩戒作用，促进管理人员规范自身行为。

学习要求

一、共性内容

各管理岗位：第一章总则，第二章政务处分的种类和适用，第三章违法行为及其适用的政务处分。

二、个性内容

组织人事、纪检、审计巡视岗位：全部章节条款。

关联学法

《中华人民共和国监察法》

《中华人民共和国公务员法》

《国有企业管理人员处分条例》

扫码查阅法律全文

《中华人民共和国反有组织犯罪法》

学习导读

《中华人民共和国反有组织犯罪法》（以下简称反有组织犯罪法）于2021年公布，自2022年5月1日起施行。

反有组织犯罪法旨在预防和惩治有组织犯罪，加强和规范反有组织犯罪工作，维护国家安全、社会秩序、经济秩序，保护公民和组织的合法权益。

内容概要

反有组织犯罪法共9章、77条，分别为：总则，预防和治理，案件办理，涉案财产认定和处置，国家工作人员涉有组织犯罪的处理，国际合作，保障措施，法律责任，附则。

学习目标

反有组织犯罪法是我国第一部专门、系统、完备规范反有组织犯罪工作的法律，是常态化扫黑除恶斗争的法治保障，对确保人民安居乐业、社会安定有序、国家长治久安具有重大意义。国铁企业各管理岗位人员均须学习了解反有组织犯罪法，综治保卫岗位人员应当重点掌握并正确运用相关条款，加强平安铁路建设，保障铁路运输安全。

学习要求

一、共性内容

各管理岗位：第一章总则，第五章国家工作人员涉有组织犯罪的处理，第八章法律责任。

二、个性内容

综治保卫岗位：全部章节条款。

关联学法

《中华人民共和国刑法》

《中华人民共和国刑事诉讼法》

扫码查阅法律全文

《中华人民共和国铁路法》

学习导读

《中华人民共和国铁路法》（以下简称铁路法）于 1990 年公布，自 1991 年 5 月 1 日起施行，历经 2009 年、2015 年修正。

铁路法旨在保障铁路运输和铁路建设的顺利进行，适应社会主义现代化建设和人民生活的需要。

内容概要

铁路法共 6 章、74 条，分别为：总则，铁路运输营业，铁路建设，铁路安全与保护，法律责任，附则。

学习目标

铁路法是保障铁路运输和铁路建设顺利进行的重要法律依据。国铁企业各管理岗位人员应重点掌握并正确运用相关条款，坚持人民铁路为人民的服务宗旨，自觉履行维护铁路安全义务，做好铁路运输服务及相关工作，改善经营管理，切实改进路风，提高运输服务质量。

学习要求

各管理岗位：全部章节条款。

关联学法

《铁路安全管理条例》

《铁路交通事故应急救援和调查处理条例》

《铁路旅客运输规程》

《铁路货物运输规程》

铁路法相关司法解释

现代化铁路基础设施体系相关法律

扫码查阅法律全文

《中华人民共和国土地管理法》

学习导读

《中华人民共和国土地管理法》（以下简称土地管理法）于1986年公布，历经1988年修正，1998年修订，自1999年1月1日起施行，2004年、2019年修正。

土地管理法旨在加强土地管理，维护土地的社会主义公有制，保护、开发土地资源，合理利用土地，切实保护耕地，促进社会经济的可持续发展。

内容概要

土地管理法共8章、87条，分别为：总则，土地的所有权和使用权，土地利用总体规划，耕地保护，建设用地，监督检查，法律责任，附则。

学习目标

土地管理法是规范土地资源利用、切实保护耕地的重要法律依据。国铁企业经营开发、铁路建设、法律事务岗位人员应当重点掌握并正确运用相关条款，落实国家土地管理政策，完善铁路用地管理机制，推动铁路用地资源的合理开发、利用和保护，助力实现土地资源的可持续利用。

学习要求

经营开发、铁路建设、法律事务岗位：全部章节条款。

关联学法

《中华人民共和国城乡规划法》

《中华人民共和国城市房地产管理法》

《中华人民共和国土地管理法实施条例》

扫码查阅法律全文

《中华人民共和国招标投标法》

学习导读

《中华人民共和国招标投标法》（以下简称招标投标法）于1999年公布，自2000年1月1日起施行，2017年修正。

招标投标法旨在规范招标投标活动，保护国家利益、社会公共利益和招标投标活动当事人的合法权益，提高经济效益，保证项目质量。

内容概要

招标投标法共6章、68条，分别为：总则，招标，投标，开标、评标和中标，法律责任，附则。

学习目标

招标投标法是规范招标投标活动、保障各方合法权益的重要法律依据。国铁企业铁路建设、物资管理、经营开发、法律事务岗位人员应当重点掌握并正确运用相关条款，规范招标投标活动，提高经济效益，强化廉洁风险防控，维护国铁企业合法权益。

学习要求

铁路建设、物资管理、经营开发、法律事务岗位：全部章节条款。

关联学法

《中华人民共和国民法典》

《中华人民共和国政府采购法》

《中华人民共和国招标投标法实施条例》

《中华人民共和国政府采购法实施条例》

《招标投标领域公平竞争审查规则》

扫码查阅法律全文

《中华人民共和国建筑法》

学习导读

《中华人民共和国建筑法》(以下简称建筑法)于1997年公布,自1998年3月1日起施行,历经2011年、2019年修正。

建筑法旨在加强对建筑活动的监督管理,维护建筑市场秩序,保证建筑工程的质量和安全,促进建筑业健康发展。

内容概要

建筑法共8章、85条,分别为:总则,建筑许可,建筑工程发包与承包,建筑工程监理,建筑安全生产管理,建筑工程质量管理,法律责任,附则。

学习目标

建筑法明确了建筑工程从规划、设计到施工、监理的全过程管理要求。国铁企业铁路建设、计统规划、经营开发岗位人员应当重点掌握并正确运用相关条款,加强建筑工程全过程管理,提升铁路建设工程质量,为加快构建现代化铁路基础设施体系提供有力保障。

学习要求

铁路建设岗位：全部章节条款。

计统规划岗位：第二章建筑许可，第七章法律责任。

经营开发岗位：第二章建筑许可，第四章建筑工程监理，第七章法律责任。

关联学法

《中华人民共和国安全生产法》

《中华人民共和国土地管理法》

《中华人民共和国环境保护法》

《中华人民共和国防震减灾法》

《中华人民共和国消防法》

《中华人民共和国无障碍环境建设法》

《中华人民共和国城乡规划法》

扫码查阅法律全文

《中华人民共和国环境保护法》

学习导读

《中华人民共和国环境保护法》(以下简称环境保护法)于1989年公布，2014年修订，自2015年1月1日起施行。

环境保护法旨在保护和改善环境，防治污染和其他公害，保障公众健康，推进生态文明建设，促进经济社会可持续发展。

内容概要

环境保护法共7章、70条，分别为:总则，监督管理，保护和改善环境，防治污染和其他公害，信息公开和公众参与，法律责任，附则。

学习目标

环境保护法是保护大气、水、海洋、土地、矿藏、森林、草原、湿地、野生生物、自然遗迹、人文遗迹、自然保护区、风景名胜区、城市和乡村等影响人类生存和发展的各种天然的和经过人工改造的自然因素的重要法律依据。国铁企业计统规划、铁路建设、铁路运输、经营开发、卫生防疫岗位人员应当重点掌握并正确运用环境保护法的相关条款，在工作过程中采取有利于节约和循环利用资源、保护和改善环境、促进人与自然和谐的经济、技术政策和措施，积极践行国铁企业社会责任，促进企业发展与环境保护相协调。

学习要求

计统规划、经营开发岗位：全部章节条款。

铁路建设、铁路运输岗位：第二章监督管理，第六章法律责任。

卫生防疫岗位：第四章防治污染和其他公害。

关联学法

《中华人民共和国环境影响评价法》

《中华人民共和国大气污染防治法》

《中华人民共和国水污染防治法》

《中华人民共和国噪声污染防治法》

《中华人民共和国固体废物污染环境防治法》

扫码查阅法律全文

《中华人民共和国环境影响评价法》

学习导读

《中华人民共和国环境影响评价法》（以下简称环境影响评价法）于2002年公布，自2003年9月1日起施行，历经2016年、2018年修正。

环境影响评价法旨在实施可持续发展战略，预防因规划和建设项目实施后对环境造成不良影响，促进经济、社会和环境的协调发展。

内容概要

环境影响评价法共5章、37条，分别为：总则，规划的环境影响评价，建设项目的环境影响评价，法律责任，附则。

学习目标

环境影响评价法是对规划和建设项目实施后可能造成的环境影响进行分析、预测和评估，提出预防或者减轻不良环境影响的对策和措施，进行跟踪监测的方法与制度，是环境影响评价的重要法律依据。国铁企业计统规划、铁路建设、铁路运输、经营开发岗位人员应当重点掌握并正确运用环境影响评价法的相关条款，贯彻绿色发展理念，落实环境影响评价各项规定，确保铁路规划、建设、运输、经营等工作符合环境保护要求。

学习要求

计统规划岗位：第一章总则，第二章规划的环境影响评价，第三章建设项目的环境影响评价，第四章法律责任。

铁路建设、铁路运输、经营开发岗位：第一章总则，第三章建设项目的环境影响评价，第四章法律责任。

关联学法

《中华人民共和国环境保护法》

《中华人民共和国城乡规划法》

《中华人民共和国建筑法》

扫码查阅法律全文

《中华人民共和国防洪法》

学习导读

《中华人民共和国防洪法》（以下简称防洪法）于 1997 年公布，自 1998 年 1 月 1 日起施行，历经 2009 年、2015 年、2016 年修正。

防洪法旨在防治洪水，防御、减轻洪涝灾害，维护人民的生命和财产安全，保障社会主义现代化建设顺利进行。

内容概要

防洪法共 8 章、65 条，分别为：总则，防洪规划，治理与防护，防洪区和防洪工程设施的管理，防汛抗洪，保障措施，法律责任，附则。

学习目标

防洪法是防治洪水，防御、减轻洪涝灾害的重要法律依据。国铁企业铁路运输、铁路建设、安全监督、物资管理岗位人员应当重点掌握并正确运用防洪法相关条款，依法合规开展防汛抗洪、防灾减灾工作，全力维护干部职工及广大旅客货主的生命和财产安全，不断提升铁路运输生产基础设施设备、安全服务保障水平和抵御风险能力。

学习要求

铁路运输、铁路建设、安全监督岗位：全部章节条款。

物资管理岗位：第六章保障措施。

关联学法

《中华人民共和国突发事件应对法》

《中华人民共和国防震减灾法》

《中华人民共和国治安管理处罚法》

扫码查阅法律全文

《中华人民共和国防震减灾法》

学习导读

《中华人民共和国防震减灾法》(以下简称防震减灾法)于1997年公布，2008年修订，自2009年5月1日起施行。

防震减灾法旨在防御和减轻地震灾害，保护人民生命和财产安全，促进经济社会的可持续发展。

内容概要

防震减灾法共9章、93条，分别为：总则，防震减灾规划，地震监测预报，地震灾害预防，地震应急救援，地震灾后过渡性安置和恢复重建，监督管理，法律责任，附则。

学习目标

防震减灾法是防震减灾规划、地震监测预报、地震灾害预防、地震应急救援、地震灾后过渡性安置和恢复重建等开展防震减灾活动的重要法律依据。国铁企业铁路建设、铁路运输、安全监督、物资管理岗位人员应当重点掌握并正确运用防震减灾法相关条款，依法合规开展防灾减灾工作，不断提升防震减灾能力和工作水平，全力维护干部职工及广大旅客货主的生命和财产安全。

学习要求

铁路建设岗位：第一章总则，第二章防震减灾规划，第三章地震监测预报，第四章地震灾害预防，第五章地震应急救援，第六章地震灾后过渡性安置和恢复重建，第八章法律责任，第九章附则。

铁路运输、安全监督岗位：第一章总则，第四章地震灾害预防，第五章地震应急救援，第六章地震灾后过渡性安置和恢复重建，第八章法律责任。

物资管理岗位：第五章地震应急救援，第六章地震灾后过渡性安置和恢复重建。

关联学法

《中华人民共和国突发事件应对法》

《中华人民共和国气象法》

《地质灾害防治条例》

《破坏性地震应急条例》

《地震监测设施和观测环境保护条例》

扫码查阅法律全文

《中华人民共和国噪声污染防治法》

学习导读

《中华人民共和国噪声污染防治法》(以下简称噪声污染防治法)于2021年公布，自2022年6月5日起施行。

噪声污染防治法旨在防治噪声污染，保障公众健康，保护和改善生活环境，维护社会和谐，推进生态文明建设，促进经济社会可持续发展。

内容概要

噪声污染防治法共9章、90条，分别为：总则，噪声污染防治标准和规划，噪声污染防治的监督管理，工业噪声污染防治，建筑施工噪声污染防治，交通运输噪声污染防治，社会生活噪声污染防治，法律责任，附则。

学习目标

噪声污染防治法是保护和改善环境，防治噪声污染公害，保障公众健康，推进生态文明建设的重要法律依据。国铁企业计统规划、铁路建设、铁路运输、经营开发岗位人员应当重点掌握并正确运用相关条款，在工作中依法采取有效措施降低噪声污染，积极践行国铁企业社会责任，促进企业发展与环境保护相协调。

学习要求

计统规划岗位：第一章总则，第二章噪声污染防治标准和规划，第三章噪声污染防治的监督管理，第四章工业噪声污染防治，第五章建筑施工噪声污染防治，第六章交通运输噪声污染防治，第八章法律责任。

铁路建设岗位：第一章总则，第五章建筑施工噪声污染防治，第八章法律责任。

铁路运输岗位：第一章总则，第六章交通运输噪声污染防治，第八章法律责任。

经营开发岗位：第一章总则，第四章工业噪声污染防治，第五章建筑施工噪声污染防治，第七章社会生活噪声污染防治，第八章法律责任。

关联学法

《中华人民共和国环境保护法》

《中华人民共和国建筑法》

扫码查阅法律全文

《中华人民共和国水土保持法》

学习导读

《中华人民共和国水土保持法》（以下简称水土保持法）于 1991 年公布，历经 2009 年修正，2010 年修订，自 2011 年 3 月 1 日起施行。

水土保持法旨在预防和治理水土流失，保护和合理利用水土资源，减轻水、旱、风沙灾害，改善生态环境，保障经济社会可持续发展。

内容概要

水土保持法共 7 章、60 条，分别为：总则，规划，预防，治理，监测和监督，法律责任，附则。

学习目标

水土保持法明确了对自然因素和人为活动造成水土流失所采取的预防和治理措施，是预防和治理水土流失的重要法律依据。国铁企业铁路建设、铁路运输岗位人员应当重点掌握并正确运用相关条款，在工作中遵循预防和治理水土流失相关规定，积极践行国铁企业社会责任，促进企业发展与环境保护相协调。

学习要求

铁路建设岗位：全部章节条款。

铁路运输岗位：第一章总则，第三章预防，第四章治理，第五章监测和监督，第六章法律责任。

关联学法

《中华人民共和国环境保护法》

扫码查阅法律全文

《中华人民共和国无障碍环境建设法》

学习导读

《中华人民共和国无障碍环境建设法》（以下简称无障碍环境建设法）于2023年公布，自2023年9月1日起施行。

无障碍环境建设法旨在加强无障碍环境建设，保障残疾人、老年人平等、充分、便捷地参与和融入社会生活，促进社会全体人员共享经济社会发展成果，弘扬社会主义核心价值观。

内容概要

无障碍环境建设法共8章、72条，分别为：总则，无障碍设施建设，无障碍信息交流，无障碍社会服务，保障措施，监督管理，法律责任，附则。

学习目标

无障碍环境建设法是规范无障碍环境建设，保障残疾人、老年人权益的重要法律依据。国铁企业铁路建设、铁路运输、经营开发、科技信息、宣传岗位人员应当重点掌握并正确运用无障碍环境建设法相关条款，加强铁路无障碍设施规划与建设，不断提升铁路运输服务水平。

学习要求

铁路建设岗位：第一章总则，第二章无障碍设施建设，第四章无障碍社会服务，第七章法律责任。

铁路运输、经营开发岗位：全部章节条款。

科技信息、宣传岗位：第一章总则，第三章无障碍信息交流，第七章法律责任。

关联学法

《中华人民共和国民法典》

《中华人民共和国残疾人保障法》

《中华人民共和国老年人权益保障法》

《中华人民共和国妇女权益保障法》

《中华人民共和国未成年人保护法》

扫码查阅法律全文

《建设项目环境保护管理条例》

学习导读

《建设项目环境保护管理条例》（以下简称条例）于1998年公布，2017年修订，自2017年10月1日起施行。

条例旨在防止建设项目产生新的污染、破坏生态环境。

内容概要

条例共5章、30条，分别为：总则，环境影响评价，环境保护设施建设，法律责任，附则。

学习目标

条例是规范建设项目环境保护工作、保障环境安全的重要行政法规。国铁企业计统规划、铁路建设岗位人员应当重点掌握并正确运用条例相关条款，保障铁路建设项目的环境保护设施建设，促进环境与铁路建设协调发展。

学习要求

计统规划、铁路建设岗位：全部章节条款。

关联学法

《中华人民共和国环境保护法》

《中华人民共和国环境影响评价法》

《中华人民共和国建筑法》

扫码查阅法律全文

《建设工程质量管理条例》

学习导读

《建设工程质量管理条例》(以下简称条例)于2000年1月10日发布，历经2017年、2019年修订，自发布之日起施行。

条例旨在加强对建设工程质量的管理，保证建设工程质量，保护人民生命和财产安全。

内容概要

条例共9章、82条，分别为:总则，建设单位的质量责任和义务，勘察、设计单位的质量责任和义务，施工单位的质量责任和义务，工程监理单位的质量责任和义务，建设工程质量保修，监督管理，罚则，附则。

学习目标

条例是规范建设工程质量管理、保障工程质量的重要行政法规。国铁企业计统规划、铁路建设、经营开发岗位人员应当重点掌握并正确运用条例相关条款，加强对铁路建设工程质量的监督管理，保护人民生命和财产安全。

学习要求

计统规划岗位：第三章勘察、设计单位的质量责任和义务。

铁路建设岗位：全部章节条款。

经营开发岗位：第五章工程监理单位的质量责任和义务。

关联学法

《中华人民共和国建筑法》

《中华人民共和国安全生产法》

《建设工程安全生产管理条例》

扫码查阅法律全文

《建设工程勘察设计管理条例》

学习导读

《建设工程勘察设计管理条例》(以下简称条例)于2000年9月25日公布,历经2015年、2017年修订,自公布之日起施行。

条例旨在加强对建设工程勘察、设计活动的管理,保证建设工程勘察、设计质量,保护人民生命和财产安全。

内容概要

条例共7章、46条,分别为:总则,资质资格管理,建设工程勘察设计发包与承包,建设工程勘察设计文件的编制与实施,监督管理,罚则,附则。

学习目标

条例对我国建设工程勘察、设计活动相关内容作出了基本规定。国铁企业铁路建设、计统规划岗位人员应当重点学习并正确运用条例相关条款,做好铁路建设工程勘察设计文件的编制与实施,依法合规开展铁路建设工程勘察、设计的发包和承包工作,提升国铁企业建设工程勘察、设计整体水平。

学习要求

铁路建设岗位：全部章节条款。

计统规划岗位：第一章总则，第三章建设工程勘察设计发包与承包，第四章建设工程勘察设计文件的编制与实施。

关联学法

《中华人民共和国建筑法》

《中华人民共和国城乡规划法》

《中华人民共和国招标投标法》

《建设工程质量管理条例》

《建设工程勘察设计资质管理规定》

扫码查阅法律全文

《建设工程安全生产管理条例》

学习导读

《建设工程安全生产管理条例》（以下简称条例）于2003年公布，自2004年2月1日起施行。

条例旨在加强建设工程安全生产监督管理，预防和减少建设工程领域安全事故，保障人民群众生命和财产安全。

内容概要

条例共8章、71条，分别为：总则，建设单位的安全责任，勘察、设计、工程监理及其他有关单位的安全责任，施工单位的安全责任，监督管理，生产安全事故的应急救援和调查处理，法律责任，附则。

学习目标

条例对从事建设工程的新建、扩建、改建和拆除等有关活动及实施对建设工程安全生产的监督管理相关内容作出了明确规定。国铁企业铁路建设、安全监督、计统规划岗位人员应当重点学习并正确运用条例相关条款，提高安全生产意识，落实安全生产责任制，坚持安全第一、预防为主、综合治理的方针，确保铁路建设工程项目安全高效推进。

学习要求

铁路建设岗位：全部条款。

安全监督岗位：第一章总则，第二章建设单位的安全责任，第四章施工单位的安全责任，第五章监督管理，第六章生产安全事故的应急救援和调查处理，第七章法律责任。

计统规划岗位：第一章总则，第二章建设单位的安全责任，第三章勘察、设计、工程监理及其他有关单位的安全责任。

关联学法

《中华人民共和国建筑法》

《中华人民共和国安全生产法》

《建设工程勘察设计管理条例》

《特种设备安全监察条例》

扫码查阅法律全文

《地质灾害防治条例》

学习导读

《地质灾害防治条例》（以下简称条例）于 2003 年公布，自 2004 年 3 月 1 日起施行。

条例旨在防治地质灾害，避免和减轻地质灾害造成的损失，维护人民生命和财产安全，促进经济和社会的可持续发展。

内容概要

条例共 7 章、49 条，分别为：总则，地质灾害防治规划，地质灾害预防，地质灾害应急，地质灾害治理，法律责任，附则。

学习目标

条例是坚持预防为主、避让与治理相结合和全面规划、突出重点开展地质灾害防治工作的重要法律依据。国铁企业计统规划、铁路建设、铁路运输岗位人员应当重点掌握并正确运用条例相关条款，切实履行国铁企业在工程建设、铁路运营等工作中应尽的地质灾害防治规划、预防、应急、治理等义务。

学习要求

计统规划岗位：第一章总则，第二章地质灾害防治规划，第三章地质灾害预防，第六章法律责任。

铁路建设岗位：第一章总则，第三章地质灾害预防，第五章地质灾害治理，第六章法律责任。

铁路运输岗位：第一章总则，第四章地质灾害应急，第六章法律责任。

关联学法

《中华人民共和国防震减灾法》

《国务院关于加强地质灾害防治工作的决定》

现代化铁路运输服务体系相关法律

扫码查阅法律全文

《中华人民共和国香港特别行政区基本法》

学习导读

《中华人民共和国香港特别行政区基本法》（以下简称香港特区基本法）于1990年公布，自1997年7月1日起施行。

香港特区基本法根据《中华人民共和国宪法》，按照“一个国家，两种制度”的方针，结合香港的历史和现实情况而制定，旨在维护国家的统一和领土完整，保持香港的繁荣和稳定。香港特区基本法规定了香港特别行政区实行的制度，以保障国家对香港的基本方针政策的实施。

内容概要

香港特区基本法由序言、正文及附件组成。正文共9章、160条，分别为：总则，中央和香港特别行政区的关系，居民的基本权利和义务，政治体制，经济，教育、科学、文化、体育、宗教、劳工和社会服务，对外事务，本法的解释和修改，附则。附件包括：附件一《香港特别行政区行政长官的产生办法》，附件二《香港特别行政区立法会的产生办法和表决程序》，附件三《在香港特别行政区实施的全国性法律》，以及香港特别行政区区旗、区徽图案。

学习目标

香港特区基本法是国家对香港的基本方针政策。国铁企业各管理岗位人员均须学习了解香港特区基本法，铁路运输岗位应当重点掌握并正确运用相关条款，自觉维护和贯彻落实国家对香港的基本方针政策，依法合规开展铁路运输服务。

学习要求

一、共性内容

各管理岗位:序言，第一章总则，第二章中央和香港特别行政区的关系。

二、个性内容

铁路运输岗位：第五章经济。

关联学法

《中华人民共和国宪法》

《中华人民共和国澳门特别行政区基本法》

扫码查阅法律全文

《中华人民共和国澳门特别行政区基本法》

学习导读

《中华人民共和国澳门特别行政区基本法》（以下简称澳门特区基本法）于1993年公布，自1999年12月20日起施行。

澳门特区基本法根据《中华人民共和国宪法》，按照“一个国家，两种制度”的方针，结合澳门的历史和现实情况而制定，旨在维护国家的统一和领土完整，有利于澳门的社会稳定和经济发展。澳门特区基本法规定了澳门特别行政区实行的制度，以保障国家对澳门的基本方针政策的实施。

内容概要

澳门特区基本法由序言、正文及附件组成。正文共9章、145条，分别为：总则，中央和澳门特别行政区的关系，居民的基本权利和义务，政治体制，经济，文化和社会事务，对外事务，本法的解释和修改，附则。附件包括：附件一《澳门特别行政区行政长官的产生办法》，附件二《澳门特别行政区立法会的产生办法》，附件三《在澳门特别行政区实施的全国性法律》，以及澳门特别行政区区旗、区徽图案。

学习目标

澳门特区基本法是国家对澳门的基本方针政策。国铁企业各管理岗位人员均须学习了解澳门特区基本法，铁路运输岗位应当重点掌握并正确运用相关条款，自觉维护和贯彻落实国家对澳门的基本方针政策，依法合规开展铁路运输服务。

学习要求

一、共性内容

各管理岗位:序言，第一章总则，第二章中央和澳门特别行政区的关系。

二、个性内容

铁路运输岗位：第五章经济。

关联学法

《中华人民共和国宪法》

《中华人民共和国香港特别行政区基本法》

扫码查阅法律全文

《中华人民共和国消费者权益保护法》

学习导读

《中华人民共和国消费者权益保护法》(以下简称消费者权益保护法)于 1993 年公布，自 1994 年 1 月 1 日起施行，历经 2009 年、2013 年修正。

消费者权益保护法旨在保护消费者的合法权益，维护社会经济秩序，促进社会主义市场经济健康发展。

内容概要

消费者权益保护法共 8 章、63 条，分别为：总则，消费者的权利，经营者的义务，国家对消费者合法权益的保护，消费者组织，争议的解决，法律责任，附则。

学习目标

保护消费者权益有助于保护经济活力、维护公平正义，从而推动高质量发展，保障高品质生活。国铁企业各管理岗位人员均须学习了解消费者权益保护法，铁路运输、物资管理、经营开发、法律事务岗位人员应当重点掌握并正确运用相关条款。作为消费者，在购买、使用商品和接受服务时，要正确运用法律保护自身合法权益，在权益受到侵害时能够有效利用法律手段依法维权；作为经营者，在销售商品或提供服务时，要严格履行经营者的义务，自觉维护社会经济秩序。

学习要求

一、共性内容

各管理岗位：第一章总则，第二章消费者的权利，第六章争议的解决。

二、个性内容

铁路运输、物资管理、经营开发、法律事务岗位：全部章节条款。

关联学法

《中华人民共和国民法典》

《中华人民共和国产品质量法》

《中华人民共和国食品安全法》

《中华人民共和国价格法》

《中华人民共和国行政处罚法》

《中华人民共和国消费者权益保护法实施条例》

扫码查阅法律全文

《中华人民共和国价格法》

学习导读

《中华人民共和国价格法》（以下简称价格法）于1997年公布，自1998年5月1日起施行。

价格法旨在规范价格行为，发挥价格合理配置资源的作用，稳定市场价格总水平，保护消费者和经营者的合法权益，促进社会主义市场经济健康发展。

内容概要

价格法共7章、48条，分别为：总则，经营者的价格行为，政府的定价行为，价格总水平调控，价格监督检查，法律责任，附则。

学习目标

价格法通过规范经营者价格行为，保护消费者利益，促进资源合理配置，防止价格垄断和不正当竞争，是稳定经济运行、维护公平竞争的市场环境的重要法律依据。国铁企业财务管理、铁路运输、物资管理、经营开发、法律事务岗位人员应当重点掌握并正确运用相关条款，建立健全企业价格监管机制。

学习要求

财务管理、铁路运输、物资管理、经营开发、法律事务岗位：全部章节条款。

关联学法

《中华人民共和国民法典》
《中华人民共和国反垄断法》
《中华人民共和国反不正当竞争法》
《中华人民共和国行政处罚法》
《中华人民共和国价格管理条例》

扫码查阅法律全文

《中华人民共和国个人信息保护法》

学习导读

《中华人民共和国个人信息保护法》（以下简称个人信息保护法）于2021年公布，自2021年11月1日起施行。

个人信息保护法旨在保护个人信息权益，规范个人信息处理活动，促进个人信息合理利用。

内容概要

个人信息保护法共8章、74条，分别为：总则，个人信息处理规则，个人信息跨境提供的规则，个人在个人信息处理活动中的权利，个人信息处理者的义务，履行个人信息保护职责的部门，法律责任，附则。

学习目标

个人信息保护法是规范个人信息处理活动，促进个人信息合理利用，维护网络空间秩序，推动数字经济健康发展的重要法律依据。国铁企业各管理岗位人员均须学习了解个人信息保护法，科技信息、铁路运输、经营开发、保密机要、宣传、法律事务岗位人员应当重点掌握并正确运用相关条款，依法合规收集、存储、处理个人信息。

学习要求

一、共性内容

各管理岗位：第一章总则，第二章个人信息处理规则，第四章个人在个人信息处理活动中的权利，第五章个人信息处理者的义务。

二、个性内容

科技信息、铁路运输、经营开发、保密机要、宣传、法律事务岗位：全部章节条款。

关联学法

《中华人民共和国民法典》

《中华人民共和国行政处罚法》

《中华人民共和国国家安全法》

《中华人民共和国网络安全法》

《中华人民共和国数据安全法》

《中华人民共和国电子商务法》

《中华人民共和国档案法》

扫码查阅法律全文

《中华人民共和国国防动员法》

学习导读

《中华人民共和国国防动员法》（以下简称国防动员法）于2010年公布，自2010年7月1日起施行。

国防动员法旨在加强国防建设，完善国防动员制度，保障国防动员工作的顺利进行，维护国家的主权、统一、领土完整和安全。

内容概要

国防动员法共14章、72条，分别为：总则，组织领导机构及其职权，国防动员计划、实施预案与潜力统计调查，与国防密切相关的建设项目和重要产品，预备役人员的储备与征召，战略物资储备与调用，军品科研、生产与维修保障，战争灾害的预防与救助，国防勤务，民用资源征用与补偿，宣传教育，特别措施，法律责任，附则。

学习目标

国防动员法阐明了我国国防动员的方针和原则，明确了公民和组织的国防权利及义务等内容，标志着我国国防动员法律制度的健全。国铁企业综治保卫、铁路运输、宣传岗位人员应当重点掌握并正确运用相关条款，增强对战争灾害的应急处理及组织能力，保护人民生命和财产安全，培养担当精神，为国防力量的建设和发展提供有力支撑。

学习要求

综治保卫、铁路运输岗位：第一章总则，第二章组织领导机构及其职权，第八章战争灾害的预防与救助，第九章国防勤务，第十章民用资源征用与补偿，第十二章特别措施，第十三章法律责任。

宣传岗位：第十一章宣传教育。

关联学法

《中华人民共和国国防法》

现代化铁路科技创新体系相关法律

扫码查阅法律全文

《中华人民共和国科学技术进步法》

学习导读

《中华人民共和国科学技术进步法》（以下简称科学技术进步法）于1993年公布，历经2007年、2021年修订，自2022年1月1日起施行。

科学技术进步法旨在全面促进科学技术进步，发挥科学技术第一生产力、创新第一动力、人才第一资源的作用，促进科技成果向现实生产力转化，推动科技创新支撑和引领经济社会发展，全面建设社会主义现代化国家。

内容概要

科学技术进步法共12章、117条，分别为：总则，基础研究，应用研究与成果转化，企业科技创新，科学技术研究开发机构，科学技术人员，区域科技创新，国际科学技术合作，保障措施，监督管理，法律责任，附则。

学习目标

科学技术作为推动经济发展的重要力量，日益成为企业发展的关键要素。增强对科技创新的重视和投入，推动科学技术在铁路运输中的应用和创新，是实现铁路现代化发展目标的应有之举。国铁企业各管理岗位人员均须学习了解科学技术进步法，科技信息、铁路运输、经营开发、劳资管理、组织人事、财务管理岗位人员应当重点掌握并正确运用相关条款，提升对科技领域法律问题的认识和处理能力，为企业科技成果转化为现实生产力提供人才储备，更好适应科技驱动的经济环境，为铁路企业科技创新提供良好的环境。

学习要求

一、共性内容

各管理岗位：第一章总则。

二、个性内容

科技信息岗位：全部章节条款。

铁路运输岗位：第三章应用研究与成果转化，第四章企业科技创新。

经营开发岗位：第三章应用研究与成果转化，第四章企业科技创新，第十章监督管理。

劳资管理、组织人事岗位：第六章科学技术人员。

财务管理岗位：第四章企业科技创新，第九章保障措施。

关联学法

《中华人民共和国促进科技成果转化法》

《中华人民共和国科学技术普及法》

扫码查阅法律全文

《中华人民共和国促进科技成果转化法》

学习导读

《中华人民共和国促进科技成果转化法》（以下简称促进科技成果转化法）于1996年公布，自1996年10月1日起施行，2015年修正。

促进科技成果转化法旨在促进科技成果转化为现实生产力，规范科技成果转化活动，加速科学技术进步，推动经济建设和社会发展。

内容概要

促进科技成果转化法共6章、52条，分别为：总则，组织实施，保障措施，技术权益，法律责任，附则。

学习目标

促进科技成果转化法明确了科技成果转化的多种方式，为科技成果的转化提供了法律保障和操作指南，标志着适应我国发展阶段的科技成果转化制度体系初步形成，对于促进科技进步和经济发展具有重要意义。国铁企业科技信息、铁路运输、经营开发岗位人员应当重点掌握并正确运用相关条款，加强科技成果转化的组织实施，妥善保护铁路企业及合作对象等相关方的技术权益，防范相关法律风险，为建设科技型企业保驾护航。

学习要求

科技信息岗位：全部章节条款。

铁路运输、经营开发岗位：第一章总则，第二章组织实施，第四章技术权益，第五章法律责任。

关联学法

《中华人民共和国民法典》

《中华人民共和国科学技术进步法》

《中华人民共和国专利法》

《中华人民共和国专利法实施细则》

扫码查阅法律全文

《中华人民共和国专利法》

学习导读

《中华人民共和国专利法》(以下简称专利法)于1984年公布，自1985年4月1日起施行，历经1992年、2000年、2008年、2020年修正。

专利法旨在保护专利权人的合法权益，鼓励发明创造，推动发明创造的应用，提高创新能力，促进科学技术进步和经济社会发展。

内容概要

专利法共8章、82条，分别为:总则，授予专利权的条件，专利的申请，专利申请的审查和批准，专利权的期限、终止和无效，专利实施的特别许可，专利权的保护，附则。

学习目标

专利法是国家实施创新驱动发展战略，加强知识产权运用和保护，促进经济发展方式转变的重要法律依据。国铁企业科技信息、铁路运输、经营开发、法律事务岗位人员应当重点掌握并正确运用相关条款，促进运输生产、经营管理等领域科技创新和管理能力提升，提高专利保护意识，维护企业合法权益，防范专利领域法律风险。

学习要求

科技信息岗位：全部章节条款。

铁路运输、经营开发、法律事务岗位：第一章总则，第五章专利权的期限、终止和无效，第六章专利实施的特别许可，第七章专利权的保护。

关联学法

《中华人民共和国民法典》

《中华人民共和国反垄断法》

《中华人民共和国反不正当竞争法》

《中华人民共和国专利法实施细则》

扫码查阅法律全文

《中华人民共和国网络安全法》

学习导读

《中华人民共和国网络安全法》(以下简称网络安全法)于2016年公布，自2017年6月1日起施行。

网络安全法旨在保障网络安全，维护网络空间主权和国家安全、社会公共利益，保护公民、法人和其他组织的合法权益，促进经济社会信息化健康发展。

内容概要

网络安全法共7章、79条，分别为：总则，网络安全支持与促进，网络运行安全，网络信息安全，监测预警与应急处置，法律责任，附则。

学习目标

网络空间已经成为第五大主权领域空间，网络安全法的施行，对于维护网络运行安全、保障网络信息安全具有基础性、全局性意义，为营造更加良好的网络环境奠定了坚实的法律基础。国铁企业各管理岗位人员均须学习了解网络安全法，科技信息、保密机要、宣传岗位人员应当重点掌握并正确运用相关条款，增强网络安全意识，培养良好的网络安全习惯，提升应对网络安全风险的能力。

学习要求

一、共性内容

各管理岗位：第一章总则，第六章法律责任。

二、个性内容

科技信息岗位：全部章节条款。

保密机要岗位：第三章网络运行安全，第四章网络信息安全。

宣传岗位：第二章网络安全支持与促进。

关联学法

《中华人民共和国国家安全法》

《中华人民共和国数据安全法》

《中华人民共和国保守国家秘密法》

《中华人民共和国反间谍法》

《中华人民共和国个人信息保护法》

扫码查阅法律全文

《中华人民共和国数据安全法》

学习导读

《中华人民共和国数据安全法》(以下简称数据安全法)于2021年公布，自2021年9月1日起施行。

数据安全法旨在规范数据处理活动，保障数据安全，促进数据开发利用，保护个人、组织的合法权益，维护国家主权、安全和发展利益。

内容概要

数据安全法共7章、55条，分别为：总则，数据安全与发展，数据安全制度，数据安全保护义务，政务数据安全与开放，法律责任，附则。

学习目标

数据是国家基础性战略资源，数据安全是国家安全的重要组成部分。数据安全法是我国关于数据安全领域的首部法律，其通过建立健全各项制度措施，提升国家数据安全保障能力，确保数据处于有效保护和合法利用的状态。数据安全法的制定标志着我国在数据安全领域有法可依。按照总体国家安全观的要求，国铁企业各管理岗位人员均须学习了解数据安全法，科技信息、保密机要岗位人员应当重点掌握并正确运用相关条款，确保在工作中严格遵循法律要求，依法合规处理和保护数据，正确评估与数据安全相关的风险，并采取有效措施进行防范和处置，切实保障涉及国家秘密、工作机密等各类数据的安全。

学习要求

一、共性内容

各管理岗位：第一章总则，第二章数据安全与发展，第三章数据安全制度。

二、个性内容

科技信息岗位：全部章节条款。

保密机要岗位：第四章数据安全保护义务，第五章政务数据安全与开放，第六章法律责任。

关联学法

《中华人民共和国国家安全法》

《中华人民共和国网络安全法》

扫码查阅法律全文

《中华人民共和国无线电管理条例》

学习导读

《中华人民共和国无线电管理条例》（以下简称条例）于1993年公布，2016年修订，自2016年12月1日起施行。

条例旨在加强无线电管理，维护空中电波秩序，有效开发、利用无线电频谱资源，保证各种无线电业务的正常进行。

内容概要

条例共9章、85条，分别为：总则，管理机构及其职责，频率管理，无线电台（站）管理，无线电发射设备管理，涉外无线电管理，无线电监测和电波秩序维护，法律责任，附则。

学习目标

条例开创了我国现代无线电管理法治化、科学化、规范化的新局面。国铁企业科技信息、铁路运输岗位人员应当重点掌握并正确运用相关条款，自觉遵守无线电管理规定，掌握无线电管理的方法和手段，了解无线电频谱资源管理，熟悉频谱资源的分配原则和使用规范等，提升管理效率和质量，确保铁路无线电工作有序开展。

学习要求

科技信息、铁路运输岗位：第一章总则，第二章管理机构及其职责，第三章频率管理，第四章无线电台（站）管理，第七章无线电监测和电波秩序维护，第八章法律责任。

现代化铁路安全保障体系相关法律

扫码查阅法律全文

《中华人民共和国国家安全法》

学习导读

《中华人民共和国国家安全法》（以下简称国家安全法）于2015年7月1日公布，自公布之日起施行。

国家安全法旨在维护国家安全，保卫人民民主专政的政权和中国特色社会主义制度，保护人民的根本利益，保障改革开放和社会主义现代化建设的顺利进行，实现中华民族伟大复兴。

内容概要

国家安全法共7章、84条，分别为：总则，维护国家安全的任务，维护国家安全的职责，国家安全制度，国家安全保障，公民、组织的义务和权利，附则。

学习目标

国家安全法是维护国家安全、保障人民根本利益的重要法律依据。国铁企业各管理岗位人员均须学习了解国家安全法，综治保卫、保密机要、安全监督岗位人员应当重点掌握并正确运用相关条款，防范、制止危害国家安全的行为，维护国家安全。

学习要求

一、共性内容

各管理岗位：第一章总则，第四章国家安全制度，第六章公民、组织的义务和权利。

二、个性内容

综治保卫、保密机要、安全监督岗位：全部章节条款。

关联学法

《中华人民共和国反间谍法》

《中华人民共和国国家情报法》

《中华人民共和国保守国家秘密法》

《中华人民共和国反恐怖主义法》

《反间谍安全防范工作规定》

扫码查阅法律全文

《中华人民共和国保守国家秘密法》

学习导读

《中华人民共和国保守国家秘密法》(以下简称保守国家秘密法)于1988年公布，历经2010年、2024年修订，自2024年5月1日起施行。

保守国家秘密法旨在保守国家秘密，维护国家安全和利益，保障改革开放和社会主义现代化建设事业的顺利进行。

内容概要

保守国家秘密法共6章、65条，分别为:总则，国家秘密的范围和密级，保密制度，监督管理，法律责任，附则。

学习目标

保密工作历来是党和国家的一项重要工作，在我国革命、建设、改革各个历史时期，都发挥了不可替代的重要作用。保守国家秘密法是我国保密领域的基础性、综合性法律，为做好新时代新征程保密工作提供了强有力的法治保障。国铁企业各管理岗位人员均须学习了解保守国家秘密法，保密机要岗位人员应当重点掌握并正确运用相关条款，熟悉国家秘密的范围和密级，建立严密有效的保密制度，做好保密法律宣传，切实增强领导人员和涉密人员的保密意识和履职能力，营造保密工作良好氛围，引导干部群众牢固树立“保守国家秘密人人有责”的观念，为保密工作筑牢基础，防范违反保密规定的法律风险。

学习要求

一、共性内容

各管理岗位：第一章总则，第三章保密制度，第五章法律责任。

二、个性内容

保密机要岗位：全部章节条款。

关联学法

《中华人民共和国宪法》

《中华人民共和国刑法》

《中华人民共和国国家安全法》

《中华人民共和国反间谍法》

《中华人民共和国网络安全法》

《中华人民共和国保守国家秘密法实施条例》

扫码查阅法律全文

《中华人民共和国生物安全法》

学习导读

《中华人民共和国生物安全法》（以下简称生物安全法）于2020年公布，自2021年4月15日起施行，2024年修正。

生物安全法旨在维护国家安全，防范和应对生物安全风险，保障人民生命健康，保护生物资源和生态环境，促进生物技术健康发展，推动构建人类命运共同体，实现人与自然和谐共生。

内容概要

生物安全法共10章、88条，分别为：总则，生物安全风险防控体制，防控重大新发突发传染病、动植物疫情，生物技术研究、开发与应用安全，病原微生物实验室生物安全，人类遗传资源与生物资源安全，防范生物恐怖与生物武器威胁，生物安全能力建设，法律责任，附则。

学习目标

生物安全法是维护国家安全、人民生命健康的重要法律依据。国铁企业卫生防疫岗位人员应当重点掌握并正确运用相关条款，了解生物安全的重要性和潜在风险，提高对生物安全事件的预防和应对能力，保障铁路卫生防疫安全。

学习要求

卫生防疫岗位：第一章总则，第二章生物安全风险防控体制，第三章防控重大新发突发传染病、动植物疫情，第五章病原微生物实验室生物安全，第六章人类遗传资源与生物资源安全，第九章法律责任。

关联学法

《中华人民共和国食品安全法》

《中华人民共和国进出境动植物检疫法》

扫码查阅法律全文

《中华人民共和国突发事件应对法》

学习导读

《中华人民共和国突发事件应对法》(以下简称突发事件应对法)于2007年公布，2024年修订，自2024年11月1日起施行。

突发事件应对法旨在预防和减少突发事件的发生，控制、减轻和消除突发事件引起的严重社会危害，提高突发事件预防和应对能力，规范突发事件应对活动，保护人民生命财产安全，维护国家安全、公共安全、生态环境安全和社会秩序。

内容概要

突发事件应对法共8章、106条，分别为：总则，管理与指挥体制，预防与应急准备，监测与预警，应急处置与救援，事后恢复与重建，法律责任，附则。

学习目标

突发事件应对法是提高突发事件预防和应对能力，规范突发事件应对活动，保护人民生命财产安全的重要法律依据。国铁企业各管理岗位人员均须学习了解突发事件应对法，铁路运输、卫生防疫、安全监督、综治保卫岗位人员应当重点掌握并正确运用相关条款，增强公共安全和风险防范的意识，提高避险救援能力。

学习要求

一、共性内容

各管理岗位：第一章总则，第二章管理与指挥体制，第三章预防与应急准备。

二、个性内容

铁路运输、卫生防疫、安全监督、综治保卫岗位：全部章节条款。

关联学法

《中华人民共和国国家安全法》

《中华人民共和国传染病防治法》

《突发公共卫生事件应急条例》

扫码查阅法律全文

《中华人民共和国反恐怖主义法》

学习导读

《中华人民共和国反恐怖主义法》(以下简称反恐怖主义法)于2015年公布，自2016年1月1日起施行，2018年修正。

反恐怖主义法旨在防范和惩治恐怖活动，加强反恐怖主义工作，维护国家安全、公共安全和人民生命财产安全。

内容概要

反恐怖主义法共10章、97条，分别为：总则，恐怖活动组织和人员的认定，安全防范，情报信息，调查，应对处置，国际合作，保障措施，法律责任，附则。

学习目标

反恐怖主义法是提高对恐怖活动的预防和应对能力，规范突发恐怖事件处置程序，保护国家安全、公共安全和人民生命财产安全的重要法律依据。国铁企业各管理岗位人员均须学习了解反恐怖主义法，综治保卫、安全监督岗位人员应当重点掌握并正确运用相关条款，维护国家安全、公共安全和人民生命财产安全。

学习要求

一、共性内容

各管理岗位：第一章总则，第二章恐怖活动组织和人员的认定，第三章安全防范。

二、个性内容

综治保卫、安全监督岗位：全部章节条款。

关联学法

《中华人民共和国国家安全法》

《中华人民共和国刑法》

《中华人民共和国反间谍法》

《中华人民共和国保守国家秘密法》

扫码查阅法律全文

《反分裂国家法》

学习导读

《反分裂国家法》于2005年3月14日公布，自公布之日起施行。

反分裂国家法旨在反对和遏制“台独”分裂势力分裂国家，促进祖国和平统一，维护台湾海峡地区和平稳定，维护国家主权和领土完整，维护中华民族的根本利益。

内容概要

反分裂国家法共10条。

学习目标

反分裂国家法将中央关于解决台湾问题、反对分裂祖国的方针以法律的形式固定下来，是反对和遏制“台独”分裂势力分裂国家的重要法律依据。国铁企业各管理岗位人员均须了解学习反分裂国家法，自觉维护国家主权和领土完整。

学习要求

各管理岗位：全部条款。

关联学法

《中华人民共和国宪法》

《中华人民共和国国家安全法》

《中华人民共和国反间谍法》

扫码查阅法律全文

《中华人民共和国反间谍法》

学习导读

《中华人民共和国反间谍法》(以下简称反间谍法)于2014年公布，2023年修订，自2023年7月1日起施行。

反间谍法旨在加强反间谍工作，防范、制止和惩治间谍行为，维护国家安全，保护人民利益。

内容概要

反间谍法共6章、71条，分别为：总则，安全防范，调查处置，保障与监督，法律责任，附则。

学习目标

反间谍法是防范、制止和惩治间谍行为，维护国家安全，保护人民利益的重要法律依据。国铁企业各管理岗位人员均须学习了解反间谍法，保密机要、综治保卫岗位人员应当重点掌握并正确运用相关条款，提升对间谍行为的识别和防范能力，筑牢国家安全的人民防线。

学习要求

一、共性内容

各管理岗位：第一章总则，第二章安全防范，第五章法律责任。

二、个性内容

保密机要、综治保卫岗位：全部章节条款。

关联学法

《中华人民共和国国家安全法》

《中华人民共和国国家情报法》

《中华人民共和国保守国家秘密法》

《中华人民共和国反间谍法实施细则》

《反间谍安全防范工作规定》

《公民举报危害国家安全行为奖励办法》

扫码查阅法律全文

《中华人民共和国安全生产法》

学习导读

《中华人民共和国安全生产法》（以下简称安全生产法）于2002年公布，自2002年11月1日起施行，历经2009年、2014年、2021年修正。

安全生产法旨在加强安全生产工作，防止和减少生产安全事故，保障人民群众生命和财产安全，促进经济社会持续健康发展。

内容概要

安全生产法共7章、119条，分别为：总则，生产经营单位的安全生产保障，从业人员的安全生产权利义务，安全生产的监督管理，生产安全事故的应急救援与调查处理，法律责任，附则。

学习目标

安全生产法是我国安全生产领域的基础性、综合性法律。国铁企业各管理岗位人员均须学习了解安全生产法，安全监督岗位应当重点掌握并正确运用相关条款，健全企业安全生产和应急处置管理机制，压紧压实安全责任，有效防范和减少安全生产事故的发生，确保铁路运输安全稳定。

学习要求

一、共性内容

各管理岗位：第一章总则，第二章生产经营单位的安全生产保障，第三章从业人员的安全生产权利义务，第七章附则。

二、个性内容

安全监督岗位：全部章节条款。

关联学法

《中华人民共和国民法典》

《中华人民共和国刑法》

《中华人民共和国治安管理处罚法》

《中华人民共和国消防法》

《中华人民共和国特种设备安全法》

《铁路安全管理条例》

《生产安全事故应急条例》

《生产安全事故报告和调查处理条例》

扫码查阅法律全文

《中华人民共和国消防法》

学习导读

《中华人民共和国消防法》（以下简称消防法）于 1998 年公布，2008 年修订，自 2009 年 5 月 1 日起施行，历经 2019 年、2021 年修正。

消防法旨在预防火灾和减少火灾危害，加强应急救援工作，保护人身、财产安全，维护公共安全。

内容概要

消防法共 7 章、74 条，分别为：总则，火灾预防，消防组织，灭火救援，监督检查，法律责任，附则。

学习目标

消防法是预防火灾和减少火灾危害，加强应急救援工作，保护人身、财产安全，维护公共安全的重要法律依据。国铁企业各管理岗位人员均须学习了解消防法，安全监督、综治保卫、铁路运输、铁路建设岗位人员应当重点掌握并正确运用相关条款，深入践行总体国家安全观，营造安全有序可靠的铁路运输环境。

学习要求

一、共性内容

各管理岗位：第一章总则，第二章火灾预防，第六章法律责任。

二、个性内容

安全监督、综治保卫岗位：全部章节条款。

铁路运输、铁路建设岗位：第四章灭火救援。

关联学法

《中华人民共和国安全生产法》

《火灾事故调查规定》

《消防监督检查规定》

《机关、团体、企业、事业单位消防安全管理规定》

扫码查阅法律全文

《中华人民共和国道路交通安全法》

学习导读

《中华人民共和国道路交通安全法》（以下简称道路交通安全法）于2003年公布，自2004年5月1日起施行，历经2007年、2011年、2021年修正。

道路交通安全法旨在维护道路交通秩序，预防和减少交通事故，保护人身安全，保护公民、法人和其他组织的财产安全及其他合法权益，提高通行效率。

内容概要

道路交通安全法共8章、124条，分别为：总则，车辆和驾驶人，道路通行条件，道路通行规定，交通事故处理，执法监督，法律责任，附则。

学习目标

道路交通安全法是保障道路交通有序、安全、畅通的重要法律依据。国铁企业各管理岗位人员均须学习了解道路交通安全法，安全监督、铁路运输、综治保卫、法律事务岗位人员应当重点掌握并正确运用相关条款，严格遵守机动车和非机动车的通行规则，树牢交通安全意识，预防和减少交通事故的发生。

学习要求

一、共性内容

各管理岗位:第一章总则，第二章车辆和驾驶人，第三章道路通行条件，第四章道路通行规定，第五章交通事故处理，第七章法律责任。

二、个性内容

安全监督、铁路运输、综治保卫、法律事务岗位：全部章节条款。

关联学法

《中华人民共和国民法典》

《中华人民共和国治安管理处罚法》

《中华人民共和国道路交通安全法实施条例》

扫码查阅法律全文

《中华人民共和国治安管理处罚法》

学习导读

《中华人民共和国治安管理处罚法》（以下简称治安管理处罚法）于2005年公布，自2006年3月1日起施行，2012年修正。

治安管理处罚法旨在维护社会治安秩序，保障公共安全，保护公民、法人和其他组织的合法权益，规范和保障公安机关及其人民警察依法履行治安管理职责。

内容概要

治安管理处罚法共6章、119条，分别为：总则，处罚的种类和适用，违反治安管理的行为和处罚，处罚程序，执法监督，附则。

学习目标

治安管理处罚法是维护社会治安秩序，保障公共安全，保护公民、法人和其他组织合法权益，规范和保障公安机关及其人民警察依法履行治安管理职责的重要法律依据。国铁企业各管理岗位人员均须学习了解治安管理处罚法，综治保卫、安全监督、纪检岗位人员应当重点掌握并正确运用相关条款，依法规范自身行为，并对他人扰乱铁路运输秩序、妨害公共安全、妨害社会管理和侵犯人身权利、财产权利的行为及时向公安机关报案、控告或举报，维护铁路企业合法权益和社会治安秩序。

学习要求

一、共性内容

各管理岗位：第一章总则，第二章处罚的种类和适用，第三章违反治安管理的行为和处罚。

二、个性内容

综治保卫、安全监督、纪检岗位：全部章节条款。

关联学法

《中华人民共和国刑法》

《中华人民共和国行政处罚法》

《中华人民共和国行政强制法》

《中华人民共和国行政复议法》

《中华人民共和国行政诉讼法》

扫码查阅法律全文

《中华人民共和国密码法》

学习导读

《中华人民共和国密码法》(以下简称密码法)于2019年公布，自2020年1月1日起施行。

密码法旨在规范密码应用和管理，促进密码事业发展，保障网络与信息安全，维护国家安全和社会公共利益，保护公民、法人和其他组织的合法权益。

内容概要

密码法共5章、44条，分别为:总则，核心密码、普通密码，商用密码，法律责任，附则。

学习目标

密码法是总体国家安全观框架下，国家安全法律体系的重要组成部分。国铁企业各管理岗位人员均须学习了解密码法，保密机要、科技信息岗位人员应当重点掌握并正确运用相关条款，规范密码的使用和管理，提升信息安全意识，防止信息泄露和滥用，保障国家、企业和个人信息安全。

学习要求

一、共性内容

各管理岗位：第一章总则，第二章核心密码、普通密码。

二、个性内容

保密机要、科技信息岗位：全部章节条款。

关联学法

《中华人民共和国保守国家秘密法》

《中华人民共和国网络安全法》

《中华人民共和国数据安全法》

《中华人民共和国个人信息保护法》

《商用密码管理条例》

扫码查阅法律全文

《中华人民共和国食品安全法》

学习导读

《中华人民共和国食品安全法》(以下简称食品安全法)于2009年公布,2015年修订,自2015年10月1日起施行,历经2018年、2021年修正。

食品安全法旨在保证食品安全,保障公众身体健康和生命安全。

内容概要

食品安全法共10章、154条,分别为:总则,食品安全风险监测和评估,食品安全标准,食品生产经营,食品检验,食品进出口,食品安全事故处置,监督管理,法律责任,附则。

学习目标

食品安全法是保证食品安全、公众身体健康和生命安全的重要法律依据。国铁企业各管理岗位人员均须学习了解食品安全法,卫生防疫岗位人员应当重点掌握并正确运用相关条款,加强铁路食品安全监管,建立健全食品安全管理制度,不断提高食品安全保障水平。

学习要求

一、共性内容

各管理岗位：第一章总则，第三章食品安全标准。

二、个性内容

卫生防疫岗位：全部章节条款。

关联学法

《中华人民共和国民法典》

《中华人民共和国食品安全法实施条例》

《食品安全标准管理办法》

《网络餐饮服务食品安全监督管理办法》

扫码查阅法律全文

《中华人民共和国传染病防治法》

学习导读

《中华人民共和国传染病防治法》(以下简称传染病防治法)于1989年公布，2004年修订，自2004年12月1日起施行，2013年修正。

传染病防治法旨在预防、控制和消除传染病的发生与流行，保障人体健康和公共卫生。

内容概要

传染病防治法共9章、80条，分别为：总则，传染病预防，疫情报告、通报和公布，疫情控制，医疗救治，监督管理，保障措施，法律责任，附则。

学习目标

传染病防治法是预防、控制和消除传染病的发生与流行，保障人体健康和公共卫生的重要法律依据。国铁企业各管理岗位人员均须学习了解传染病防治法，卫生防疫岗位人员应当重点掌握并正确运用相关条款，预防为主、科学管理，贯彻落实健康中国战略，着力保障铁路职工、广大旅客货主健康和公共卫生安全。

学习要求

一、共性内容

各管理岗位：第一章总则，第二章传染病预防。

二、个性内容

卫生防疫岗位：全部章节条款。

关联学法

《中华人民共和国劳动法》

《中华人民共和国传染病防治法实施办法》

《消毒管理办法》

扫码查阅法律全文

《中华人民共和国职业病防治法》

学习导读

《中华人民共和国职业病防治法》（以下简称职业病防治法）于2001年公布，自2002年5月1日起施行，历经2011年、2016年、2017年、2018年修正。

职业病防治法旨在预防、控制和消除职业病危害，防治职业病，保护劳动者健康及其相关权益，促进经济社会发展。

内容概要

职业病防治法共7章、88条，分别为：总则，前期预防，劳动过程中的防护与管理，职业病诊断与职业病病人保障，监督检查，法律责任，附则。

学习目标

职业病防治法是切实加强职业病防治工作、维护劳动者健康权益的重要法律依据。国铁企业各管理岗位人员均须学习了解职业病防治法，卫生防疫、劳资管理、安全监督岗位人员应当重点掌握并正确运用相关条款，着力预防、控制和消除职业病危害，保护职工身体健康及其相关权益，促进国铁企业可持续发展。

学习要求

一、共性内容

各管理岗位：第一章总则，第二章前期预防，第三章劳动过程中的防护与管理。

二、个性内容

卫生防疫、劳资管理、安全监督岗位：全部章节条款。

关联学法

《中华人民共和国劳动法》

《工伤保险条例》

扫码查阅法律全文

《铁路安全管理条例》

学习导读

《铁路安全管理条例》（以下简称条例）于 2013 年公布，自 2014 年 1 月 1 日起施行。

条例旨在加强铁路安全管理，保障铁路运输安全和畅通，保护人身安全和财产安全。

内容概要

条例共 8 章、108 条，分别为：总则，铁路建设质量安全，铁路专用设备质量安全，铁路线路安全，铁路运营安全，监督检查，法律责任，附则。

学习目标

条例对铁路建设质量安全、铁路专用设备质量安全等内容作出了基本规定，是加强铁路安全管理，保障铁路运输安全和畅通的重要行政法规。国铁企业安全监督、铁路建设、铁路运输岗位人员应当重点掌握并运用相关条款，加强铁路安全监督检查，提升铁路建设、专用设备质量安全，确保铁路线路、运营安全。

学习要求

安全监督岗位：全部章节条款。

铁路建设岗位：第一章总则，第二章铁路建设质量安全，第四章铁路线路安全。

铁路运输岗位：第一章总则，第三章铁路专用设备质量安全，第四章铁路线路安全，第五章铁路运营安全。

关联学法

《中华人民共和国铁路法》

《中华人民共和国安全生产法》

《生产安全事故报告和调查处理条例》

《铁路交通事故应急救援和调查处理条例》

《高速铁路安全防护管理办法》

扫码查阅法律全文

《生产安全事故报告和调查处理条例》

学习导读

《生产安全事故报告和调查处理条例》（以下简称条例）于2007年公布，自2007年6月1日起施行。

条例旨在规范生产安全事故的报告和调查处理，落实生产安全事故责任追究制度，防止和减少生产安全事故。

内容概要

条例共6章、46条，分别为：总则，事故报告，事故调查，事故处理，法律责任，附则。

学习目标

条例适应安全生产的新形势、新情况，是全面、系统地规范生产安全事故报告和调查处理的行政法规。国铁企业安全监督、铁路建设、铁路运输岗位人员应当重点掌握并正确运用条例相关条款，加强防范生产安全事故的意识，深化对事故报告制度、事故调查制度、事故处理制度的认识，推进平安铁路建设。

学习要求

安全监督岗位：全部章节条款。

铁路建设、铁路运输岗位：第二章事故报告，第三章事故调查，第四章事故处理。

关联学法

《中华人民共和国安全生产法》

《中华人民共和国铁路法》

《中华人民共和国行政处罚法》

扫码查阅法律全文

《铁路交通事故应急救援和调查处理条例》

学习导读

《铁路交通事故应急救援和调查处理条例》（以下简称条例）于 2007 年公布，自 2007 年 9 月 1 日起施行，2012 年修订。

条例旨在加强铁路交通事故的应急救援工作，规范铁路交通事故调查处理，减少人员伤亡和财产损失，保障铁路运输安全和畅通。

内容概要

条例共 8 章、41 条，分别为：总则，事故等级，事故报告，事故应急救援，事故调查处理，事故赔偿，法律责任，附则。

学习目标

条例是加强铁路交通事故应急救援工作，规范铁路交通事故调查处理，保障铁路运输安全和畅通的重要行政法规。国铁企业安全监督、铁路运输岗位人员应当重点掌握并正确运用相关条款，遵守铁路交通事故应急救援和调查处理的各项规定，保障铁路运输安全和畅通。

学习要求

安全监督、铁路运输岗位：全部章节条款。

关联学法

《中华人民共和国铁路法》
《中华人民共和国安全生产法》
《铁路安全管理条例》
《生产安全事故报告和调查处理条例》
《铁路交通事故调查处理规则》
《铁路交通事故应急救援规则》
《高速铁路安全防护管理办法》

扫码查阅法律全文

《关键信息基础设施安全保护条例》

学习导读

《关键信息基础设施安全保护条例》（以下简称条例）于2021年公布，自2021年9月1日起施行。

条例旨在保障关键信息基础设施安全，维护网络安全。

内容概要

条例共6章、51条，分别为：总则，关键信息基础设施认定，运营者责任义务，保障和促进，法律责任，附则。

学习目标

条例是在网络安全法框架下全面规范关键信息基础设施安全保护的基础性行政法规，进一步细化和明确了关键信息基础设施安全保护的各项制度和措施。国铁企业科技信息岗位人员应当重点掌握并运用相关条款，强化安全意识，提高网络安全工作的主动性和自觉性，增强对关键信息基础设施安全的防范和保护意识，采取技术措施保护铁路数据信息，维护网络安全。

学习要求

科技信息岗位：全部章节条款。

关联学法

《中华人民共和国网络安全法》

《中华人民共和国数据安全法》

现代化铁路经营管理体系相关法律

扫码查阅法律全文

《中华人民共和国循环经济促进法》

学习导读

《中华人民共和国循环经济促进法》（以下简称循环经济促进法）于2008年公布，自2009年1月1日起施行，2018年修正。

循环经济促进法旨在促进循环经济发展，提高资源利用效率，保护和改善环境，实现可持续发展。

内容概要

循环经济促进法共7章、58条，分别为：总则，基本管理制度，减量化，再利用和资源化，激励措施，法律责任，附则。

学习目标

循环经济促进法是推动经济可持续发展，节约资源与保护环境的重要法律依据。国铁企业各管理岗位人员均须学习了解循环经济促进法，计统规划、铁路运输、物资管理岗位人员应当重点掌握并正确运用相关条款，增强节约资源和保护环境意识，在生产经营和日常生活中做到节约资源、合理消费，推动企业和社会可持续发展。

学习要求

一、共性内容

各管理岗位：第一章总则，第二章基本管理制度，第四章再利用和资源化。

二、个性内容

计统规划、铁路运输、物资管理岗位：全部章节条款。

关联学法

《中华人民共和国环境保护法》

《中华人民共和国节约能源法》

《节约用水条例》

扫码查阅法律全文

《中华人民共和国乡村振兴促进法》

学习导读

《中华人民共和国乡村振兴促进法》（以下简称乡村振兴促进法）于2021年公布，自2021年6月1日起施行。

乡村振兴促进法旨在全面实施乡村振兴战略，促进农业全面升级、农村全面进步、农民全面发展，加快农业农村现代化，全面建设社会主义现代化国家。

内容概要

乡村振兴促进法共10章、74条，分别为：总则，产业发展，人才支撑，文化繁荣，生态保护，组织建设，城乡融合，扶持措施，监督检查，附则。

学习目标

乡村振兴促进法是全面实施乡村振兴战略，促进农业、农村、农民全面发展的重要法律依据。国铁企业计统规划、铁路建设、铁路运输、经营开发岗位人员应当重点掌握并正确运用相关条款，积极践行国铁企业在乡村振兴战略中的职责，在推动实现农业农村现代化、促进城乡融合发展中发挥重要作用。

学习要求

计统规划岗位：全部章节条款。

铁路建设、铁路运输、经营开发岗位：第一章总则，第二章产业发展，第五章生态保护，第七章城乡融合。

关联学法

《中华人民共和国循环经济促进法》

《中华人民共和国中小企业促进法》

扫码查阅法律全文

《中华人民共和国中小企业促进法》

学习导读

《中华人民共和国中小企业促进法》（以下简称中小企业促进法）于2002年公布，2017年修订，自2018年1月1日起施行。

中小企业促进法旨在改善中小企业经营环境，保障中小企业公平参与市场竞争，维护中小企业合法权益，支持中小企业创业创新，促进中小企业健康发展，扩大城乡就业，发挥中小企业在国民经济和社会发展中的重要作用。

内容概要

中小企业促进法共10章、61条，分别为：总则，财税支持，融资促进，创业扶持，创新支持，市场开拓，服务措施，权益保护，监督检查，附则。

学习目标

中小企业促进法是改善中小企业经营环境，保障中小企业公平参与市场竞争，维护中小企业合法权益的重要法律依据。国铁企业经营开发、财务管理、物资管理岗位人员应当重点掌握并正确运用相关条款，规范与中小企业的合作经营，注重保障中小企业合法权益，助力优化营商环境。

学习要求

经营开发、财务管理岗位：全部章节条款。

物资管理岗位：第一章总则，第四章创业扶持，第六章市场开拓，第八章权益保护。

关联学法

《中华人民共和国民法典》

《中华人民共和国公司法》

《保障中小企业款项支付条例》

扫码查阅法律全文

《中华人民共和国外商投资法》

学习导读

《中华人民共和国外商投资法》(以下简称外商投资法)于2019年公布,自2020年1月1日起施行。

外商投资法旨在进一步扩大对外开放,积极促进外商投资,保护外商投资合法权益,规范外商投资管理,推动形成全面开放新格局,促进社会主义市场经济健康发展。

内容概要

外商投资法共6章、42条,分别为:总则,投资促进,投资保护,投资管理,法律责任,附则。

学习目标

外商投资法增强了投资者信心和我国市场对外资的吸引力,彰显了我国进一步扩大对外开放的决心,是贯彻落实党中央扩大对外开放、促进外商投资决策部署的重要举措,也是我国外商投资法律制度与时俱进、完善发展的客观要求。国铁企业计统规划、经营开发岗位人员应当重点掌握并正确运用相关条款,提高国铁企业投资环境的透明度,促进市场公平竞争,助力营造稳定、透明、可预期和公平竞争的营商环境。

学习要求

计统规划、经营开发岗位：第一章总则，第二章投资促进，第三章投资保护，第四章投资管理。

关联学法

《中华人民共和国外商投资法实施条例》

《指导外商投资方向规定》

扫码查阅法律全文

《中华人民共和国统计法》

学习导读

《中华人民共和国统计法》(以下简称统计法)于1983年公布，历经1996年修正，2009年修订，自2010年1月1日起施行，2024年修正。

统计法旨在科学、有效地组织统计工作，保障统计资料的真实性、准确性、完整性和及时性，加强统计监督，发挥统计在了解国情国力、服务经济社会高质量发展中的重要作用，推动全面建设社会主义现代化国家。

内容概要

统计法共7章、53条，分别为：总则，统计调查管理，统计资料的管理和公布，统计机构和统计人员，监督检查，法律责任，附则。

学习目标

统计法是科学、有效地组织统计工作的重要法律依据。国铁企业计统规划岗位人员应当重点掌握并正确运用相关条款，不断完善统计工作管理制度，加强统计队伍建设，规范统计行为和统计分析，在国铁企业发展中充分发挥统计作用。

学习要求

计统规划岗位：全部章节条款。

关联学法

《中华人民共和国统计法实施条例》

扫码查阅法律全文

《中华人民共和国预算法》

学习导读

《中华人民共和国预算法》（以下简称预算法）于 1994 年公布，自 1995 年 1 月 1 日起施行，历经 2014 年、2018 年修正。

预算法旨在规范政府收支行为，强化预算约束，加强对预算的管理和监督，建立健全全面规范、公开透明的预算制度，保障经济社会的健康发展。

内容概要

预算法共 11 章、101 条，分别为：总则，预算管理职权，预算收支范围，预算编制，预算审查和批准，预算执行，预算调整，决算，监督，法律责任，附则。

学习目标

财政是国家治理的基础和重要支柱，预算法有“经济宪法”之称，为依法理财奠定了坚实的法律基础。国铁企业财务管理岗位人员应当重点掌握并正确运用相关条款，进一步完善铁路预算管理机制，明确预算编审工作的职责和权限，加强对预算执行的监督，提高预算管理的规范性和有效性。

学习要求

财务管理岗位：第一章总则，第三章预算收支范围，第四章预算编制，第五章预算审查和批准，第六章预算执行，第七章预算调整，第十章法律责任。

关联学法

《中华人民共和国预算法实施条例》

扫码查阅法律全文

《中华人民共和国审计法》

学习导读

《中华人民共和国审计法》(以下简称审计法)于1994年公布，自1995年1月1日起施行，历经2006年、2021年修正。

审计法旨在加强国家的审计监督，维护国家财政经济秩序，提高财政资金使用效益，促进廉政建设，保障国民经济和社会健康发展。

内容概要

审计法共7章、60条，分别为：总则，审计机关和审计人员，审计机关职责，审计机关权限，审计程序，法律责任，附则。

学习目标

审计法保障审计的独立性、权威性和公正性，是促进廉政建设和经济健康发展的重要法律依据。国铁企业审计巡视、财务管理岗位人员应当重点掌握并正确运用相关条款，加强财务管理和审计监督，推动国铁企业廉政建设。

学习要求

审计巡视、财务管理岗位：全部章节条款。

关联学法

《中华人民共和国会计法》

《中华人民共和国预算法》

《中华人民共和国审计法实施条例》

扫码查阅法律全文

《中华人民共和国会计法》

学习导读

《中华人民共和国会计法》（以下简称会计法）于1985年公布，历经1993年修正，1999年修订，自2000年7月1日起施行，2017年、2024年修正。

会计法旨在规范会计行为，保证会计资料真实、完整，加强经济管理和财务管理，提高经济效益，维护社会主义市场经济秩序。

内容概要

会计法共6章、51条，分别为：总则，会计核算，会计监督，会计机构和会计人员，法律责任，附则。

学习目标

会计法是规范会计行为，保证会计资料真实、完整，加强经济管理和财务管理，提高经济效益，维护社会主义市场经济秩序的重要法律依据。国铁企业财务管理、审计巡视岗位人员当重点掌握并正确运用相关条款，加强国铁企业财务管理，确保企业会计制度依法合规，提高企业经济效益。

学习要求

财务管理、审计巡视岗位：全部章节条款。

关联学法

《中华人民共和国预算法》

《中华人民共和国证券法》

《中华人民共和国资产评估法》

《中华人民共和国企业国有资产法》

《中华人民共和国公司法》

《中华人民共和国注册会计师法》

扫码查阅法律全文

《中华人民共和国资产评估法》

学习导读

《中华人民共和国资产评估法》（以下简称资产评估法）于2016年公布，自2016年12月1日起施行。

资产评估法旨在规范资产评估行为，保护资产评估当事人合法权益和公共利益，促进资产评估行业健康发展，维护社会主义市场经济秩序。

内容概要

资产评估法共8章、55条，分别为：总则，评估专业人员，评估机构，评估程序，行业协会，监督管理，法律责任，附则。

学习目标

资产评估法通过规范评估流程、保障评估公正性，减少评估风险，提升企业的市场信誉和竞争力。国铁企业财务管理、审计巡视、经营开发岗位人员应当重点掌握并正确运用相关条款，严格遵守评估准则，加强自律管理，接受监督，识别和量化企业面临的各类风险，包括市场风险、信用风险、流动性风险等，建立健全风险防控策略，优化风险管理流程，降低企业面临的风险损失。

学习要求

财务管理、经营开发岗位：全部章节条款。

审计巡视岗位：第六章监督管理，第七章法律责任。

关联学法

《中华人民共和国会计法》

《中华人民共和国审计法》

《中华人民共和国企业国有资产法》

《中华人民共和国公司法》

《财政部关于贯彻实施〈中华人民共和国资产评估法〉的通知》

扫码查阅法律全文

《中华人民共和国企业国有资产法》

学习导读

《中华人民共和国企业国有资产法》(以下简称企业国有资产法)于2008年公布，自2009年5月1日起施行。

企业国有资产法旨在维护国家基本经济制度，巩固和发展国有经济，加强对国有资产的保护，发挥国有经济在国民经济中的主导作用，促进社会主义市场经济发展。

内容概要

企业国有资产法共9章、77条，分别为：总则，履行出资人职责的机构，国家出资企业，国家出资企业管理者的选择与考核，关系国有资产出资人权益的重大事项，国有资本经营预算，国有资产监督，法律责任，附则。

学习目标

企业国有资产法明确企业国有资产的权益归属、管理体制，促进国有资产的保值增值，优化国有经济布局和结构，推动国有企业的改革与发展。国铁企业各管理岗位人员均须学习了解企业国有资产法，财务管理、审计巡视、经营开发、法律事务岗位人员应当重点掌握并正确运用相关条款，依法合规开展经营管理工作，促进国有资产保值增值。

学习要求

一、共性内容

各管理岗位：第一章总则，第二章履行出资人职责的机构，第三章国家出资企业。

二、个性内容

财务管理、审计巡视、经营开发、法律事务岗位：全部章节条款。

关联学法

《中华人民共和国公司法》

《中华人民共和国会计法》

《中华人民共和国资产评估法》

《中华人民共和国证券法》

《中华人民共和国审计法》

《企业国有资产监督管理暂行条例》

《企业国有资产交易监督管理办法》

扫码查阅法律全文

《中华人民共和国企业所得税法》

学习导读

《中华人民共和国企业所得税法》(以下简称企业所得税法)于 2007 年公布，自 2008 年 1 月 1 日起施行，历经 2017 年、2018 年修正。

企业所得税法旨在规范中华人民共和国境内企业和其他取得收入的组织缴纳企业所得税有关事项。

内容概要

企业所得税法共 8 章、60 条，分别为:总则，应纳税所得额，应纳税额，税收优惠，源泉扣缴，特别纳税调整，征收管理，附则。

学习目标

企业所得税法是企业依法缴纳企业所得税的重要法律依据。国铁企业财务管理岗位人员应当重点掌握并正确运用相关条款，健全完善企业税务管理机制，树立依法纳税的良好企业形象。

学习要求

财务管理岗位：第一章总则，第二章应纳税所得额，第三章应纳税额，

第四章税收优惠，第六章特别纳税调整。

关联学法

《中华人民共和国会计法》

《中华人民共和国印花税法》

《中华人民共和国税收征收管理法》

《中华人民共和国增值税法》

扫码查阅法律全文

《中华人民共和国印花税法》

学习导读

《中华人民共和国印花税法》（以下简称印花税法）于 2021 年公布，自 2022 年 7 月 1 日起施行。

印花税法旨在全面落实税收法定原则，为全面依法治国提供更加完备的税收法律制度保障。

内容概要

印花税法共 20 条。

学习目标

印花税法对印花税的纳税地点、扣缴义务人、计征方式、印花税票的使用管理等税收征管事项作出了规定。国铁企业财务管理岗位人员应当重点掌握并正确运用相关条款，健全完善企业税务管理机制，树立依法纳税的良好企业形象。

学习要求

财务管理岗位：全部条款。

关联学法

《中华人民共和国会计法》

《中华人民共和国税收征收管理法》

《中华人民共和国增值税法》

扫码查阅法律全文

《中华人民共和国增值税法》

学习导读

《中华人民共和国增值税法》（以下简称增值税法）于2024年公布，自2026年1月1日起施行。

增值税法旨在健全有利于高质量发展的增值税制度，规范增值税的征收和缴纳，保护纳税人的合法权益。

内容概要

增值税法共6章、38条，分别为：总则、税率、应纳税额、税收优惠、征收管理、附则。

学习目标

增值税法对我国增值税纳税人、税率、税额等相关内容作出了基本规定。国铁企业财务管理岗位人员应当重点学习并正确运用相关条款，依法办理增值税务事项，正确解决存量固定资产进项税抵扣等问题，提高国铁企业盈利水平，树立依法纳税的良好企业形象。

学习要求

财务管理岗位：全部章节条款。

关联学法

《中华人民共和国税收征收管理法》
《中华人民共和国企业所得税法》
《中华人民共和国印花税法》

扫码查阅法律全文

《中华人民共和国票据法》

学习导读

《中华人民共和国票据法》(以下简称票据法)于1995年公布，自1996年1月1日起施行，2004年修正。

票据法旨在规范票据行为，保障票据活动中当事人的合法权益，维护社会经济秩序，促进社会主义市场经济的发展。

内容概要

票据法共7章、110条，分别为：总则，汇票，本票，支票，涉外票据的法律适用，法律责任，附则。

学习目标

票据法规定了票据的种类、形式和内容，明确了票据当事人之间的权利义务，规范了票据行为，维护社会经济秩序，促进了社会主义市场经济的发展。国铁企业财务管理岗位人员应当重点掌握并正确运用相关条款，推进完善国铁企业票据管理制度，规范企业票据行为，防范票据法律风险，保障国铁企业合法权益。

学习要求

财务管理岗位：全部章节条款。

关联学法

《中华人民共和国民法典》

《中华人民共和国会计法》

《票据管理实施办法》

扫码查阅法律全文

《中华人民共和国电子签名法》

学习导读

《中华人民共和国电子签名法》（以下简称电子签名法）于 2004 年公布，自 2005 年 4 月 1 日起施行，历经 2015 年、2019 年修正。

电子签名法旨在规范电子签名行为，确立电子签名的法律效力，维护有关各方的合法权益。

内容概要

电子签名法共 5 章、36 条，分别为：总则，数据电文，电子签名与认证，法律责任，附则。

学习目标

电子签名法明确可靠电子签名与手写签名或盖章具有同等的法律效力，建立健全了电子认证的市场准入原则，为电子签名在电子商务等领域中的应用提供法律依据，改善了我国电子签名应用环境。国铁企业财务管理、科技信息、法律事务岗位人员应当重点掌握并正确运用相关条款，规范电子签名管理，防范法律风险，保障国铁企业数字化业务全流程安全合规。

学习要求

财务管理、科技信息、法律事务岗位：全部章节条款。

关联学法

《中华人民共和国民法典》

《中华人民共和国网络安全法》

《中华人民共和国数据安全法》

《中华人民共和国电子商务法》

扫码查阅法律全文

《中华人民共和国电子商务法》

学习导读

《中华人民共和国电子商务法》（以下简称电子商务法）于2018年公布，自2019年1月1日起施行。

电子商务法旨在保障电子商务各方主体的合法权益，规范电子商务行为，维护市场秩序，促进电子商务持续健康发展。

内容概要

电子商务法共7章、89条，分别为：总则，电子商务经营者，电子商务合同的订立与履行，电子商务争议解决，电子商务促进，法律责任，附则。

学习目标

电子商务法在促进电子商务产业发展、优化营商环境和保护消费者权益方面发挥了重要作用，平衡了促进发展与规范秩序之间的关系，推动了电子商务高质量发展。国铁企业经营开发、物资管理、法律事务岗位人员应当重点掌握并正确运用相关条款，明确电子商务经营者、平台经营者等主体的权利义务，防范电商平台法律及合规风险。

学习要求

经营开发、物资管理岗位：第一章总则，第二章电子商务经营者，第六章法律责任。

法律事务岗位：第一章总则，第三章电子商务合同的订立与履行，第四章电子商务争议解决。

关联学法

《中华人民共和国民法典》

《中华人民共和国电子签名法》

扫码查阅法律全文

《中华人民共和国反洗钱法》

学习导读

《中华人民共和国反洗钱法》（以下简称反洗钱法）于2006年公布，2024年修订，自2025年1月1日起施行。

反洗钱法旨在预防洗钱活动，遏制洗钱以及相关犯罪，加强和规范反洗钱工作，维护金融秩序、社会公共利益和国家安全。

内容概要

反洗钱法共7章、65条，分别为：总则，反洗钱监督管理，反洗钱义务，反洗钱调查，反洗钱国际合作，法律责任，附则。

学习目标

反洗钱法是预防洗钱活动，遏制洗钱犯罪及相关犯罪，维护金融秩序的重要法律依据。国铁企业各管理岗位人员均须学习了解反洗钱法，财务管理、经营开发、法律事务岗位人员应当重点掌握并正确运用相关条款，不断完善铁路金融财务管理制度，建立建全风险防控体系，加强队伍建设，规范从业行为，确保企业财务活动在法治轨道上运行。

学习要求

各管理岗位：第一章总则，第六章法律责任。

财务管理、经营开发、法律事务岗位：第二章反洗钱监督管理，第四章反洗钱调查。

关联学法

《中华人民共和国刑法》

《中华人民共和国反电信网络诈骗法》

《中华人民共和国治安管理处罚法》

扫码查阅法律全文

《中华人民共和国证券法》

学习导读

《中华人民共和国证券法》（以下简称证券法）于1998年公布，历经2004年修正，2005年修订，2013年、2014年修正，2019年修订，自2020年3月1日起施行。

证券法旨在规范证券发行和交易行为，保护投资者的合法权益，维护社会经济秩序和社会公共利益，促进社会主义市场经济的发展。

内容概要

证券法共14章、226条，分别为：总则，证券发行，证券交易，上市公司的收购，信息披露，投资者保护，证券交易场所，证券公司，证券登记结算机构，证券服务机构，证券业协会，证券监督管理机构，法律责任，附则。

学习目标

证券法是规范公司证券发行和交易行为，保障投资者合法权益的重要法律依据。国铁企业财务管理、经营开发、法律事务岗位人员应当重点掌握并正确运用相关条款，加强投资及融资管理，完善管理制度，有效防范系统性风险，维护国铁股东权益。

学习要求

财务管理、经营开发、法律事务岗位：第一章总则，第二章证券发行，第三章证券交易，第四章上市公司的收购，第五章信息披露，第六章投资者保护，第十三章法律责任。

关联学法

《中华人民共和国民法典》
《中华人民共和国公司法》
《中华人民共和国证券投资基金法》
《证券发行与承销管理办法》
《上市公司信息披露管理办法》
《证券市场禁入规定》
证券交易所相关规定

扫码查阅法律全文

《中华人民共和国劳动法》

学习导读

《中华人民共和国劳动法》（以下简称劳动法）于 1994 年公布，自 1995 年 1 月 1 日起施行，历经 2009 年、2018 年修正。

劳动法旨在保护劳动者的合法权益，调整劳动关系，建立和维护适应社会主义市场经济的劳动制度，促进经济发展和社会进步。

内容概要

劳动法共 13 章、107 条，分别为：总则，促进就业，劳动合同和集体合同，工作时间和休息休假，工资，劳动安全卫生，女职工和未成年工特殊保护，职业培训，社会保险和福利，劳动争议，监督检查，法律责任，附则。

学习目标

劳动法是规范劳动关系、保障劳动者合法权益的重要法律依据。国铁企业各管理岗位人员均须学习了解劳动法，劳资管理、组织人事、工会、法律事务岗位人员应当重点掌握并正确运用相关条款，确保与劳动者建立合法合规的劳动关系，提升人力资源管理水平，进一步完善国铁企业应对劳动争议的预防与处理机制，推动构建企业与职工命运共同体，为铁路现代化建设提供坚实的人才支持。

学习要求

一、共性内容

各管理岗位：第一章总则，第三章劳动合同和集体合同，第四章工作时间和休息休假，第五章工资。

二、个性内容

劳资管理、组织人事、法律事务岗位：全部章节条款。

工会岗位：第七章女职工和未成年工特殊保护，第九章社会保险和福利，第十一章监督检查。

关联学法

《中华人民共和国民法典》

《中华人民共和国劳动合同法》

《中华人民共和国社会保险法》

《中华人民共和国劳动争议调解仲裁法》

《中华人民共和国妇女权益保障法》

《中华人民共和国职业病防治法》

《中华人民共和国劳动合同法实施条例》

《中华人民共和国劳动保险条例》

《职工带薪年休假条例》

《失业保险条例》

《工伤保险条例》

《社会保险费征缴暂行条例》

扫码查阅法律全文

《中华人民共和国劳动合同法》

学习导读

《中华人民共和国劳动合同法》（以下简称劳动合同法）于2007年公布，自2008年1月1日起施行，2012年修正。

劳动合同法旨在完善劳动合同制度，明确劳动合同双方当事人的权利和义务，保护劳动者的合法权益，构建和发展和谐稳定的劳动关系。

内容概要

劳动合同法共8章、98条，分别为：总则，劳动合同的订立，劳动合同的履行和变更，劳动合同的解除和终止，特别规定，监督检查，法律责任，附则。

学习目标

劳动合同法是规范劳动关系、保障劳动者合法权益的重要法律依据。国铁企业各管理岗位人员均须学习了解劳动合同法，劳资管理、组织人事、工会、法律事务岗位人员应当重点掌握并正确运用相关条款，掌握劳动合同的订立、履行、变更、解除和终止等关键环节，熟悉劳动争议的调解、仲裁和诉讼程序，依法依规处理劳动争议，提升解决劳动关系问题的能力，促进劳动关系和谐稳定，合理规划人力资源，优化劳动组织，提高劳动生产率。

学习要求

一、共性内容

各管理岗位：第一章总则，第二章劳动合同的订立，第三章劳动合同的履行和变更。

二、个性内容

劳资管理、组织人事、法律事务岗位：全部章节条款。

工会岗位：第五章特别规定，第六章监督检查。

关联学法

《中华人民共和国劳动法》

《中华人民共和国工会法》

《中华人民共和国社会保险法》

《中华人民共和国劳动争议调解仲裁法》

《中华人民共和国劳动合同法实施条例》

《中华人民共和国劳动保险条例》

《失业保险条例》

《职工带薪年休假条例》

《工伤保险条例》

扫码查阅法律全文

《中华人民共和国社会保险法》

学习导读

《中华人民共和国社会保险法》(以下简称社会保险法)于2010年公布，自2011年7月1日起施行，2018年修正。

社会保险法旨在规范社会保险关系，维护公民参加社会保险和享受社会保险待遇的合法权益，使公民共享发展成果，促进社会和谐稳定。

内容概要

社会保险法共12章、98条，分别为：总则，基本养老保险，基本医疗保险，工伤保险，失业保险，生育保险，社会保险费征缴，社会保险基金，社会保险经办，社会保险监督，法律责任，附则。

学习目标

社会保险法对我国社会保险的种类、征缴、经办、监督及社保基金作出了基本规定。国铁企业劳资管理岗位人员应当重点掌握并正确运用相关条款，依法办理社会保险缴纳和管理事宜，切实维护国铁企业和职工个人的合法权益。

学习要求

劳资管理岗位：全部章节条款。

关联学法

《中华人民共和国劳动法》
《中华人民共和国劳动合同法》
《社会保险经办条例》
《工商保险条例》
《失业保险条例》
《全国社会保障基金条例》

扫码查阅法律全文

《中华人民共和国职业教育法》

学习导读

《中华人民共和国职业教育法》(以下简称职业教育法)于1996年公布，2022年修订，自2022年5月1日起施行。

职业教育法旨在推动职业教育高质量发展，提高劳动者素质和技术技能水平，促进就业创业，建设教育强国、人力资源强国和技能型社会，推进社会主义现代化建设。

内容概要

职业教育法共8章、69条，分别为：总则，职业教育体系，职业教育的实施，职业学校和职业培训机构，职业教育的教师与受教育者，职业教育的保障，法律责任，附则。

学习目标

职业教育法是推动职业教育高质量发展，提高劳动者素质和技术技能水平的重要法律依据。国铁企业劳资管理、组织人事岗位人员应当重点掌握并正确运用相关条款，不断完善铁路职业教育管理制度，健全职业教育管理体系，加强职教队伍建设，规范铁路职工从业行为和劳动素质，大力培养服务国铁企业的高素质技术技能人才，持续推进“人才强路”建设。

学习要求

劳资管理、组织人事岗位：第一章总则，第二章职业教育体系，第三章职业教育的实施，第六章职业教育的保障，第七章法律责任。

关联学法

《中华人民共和国教育法》

《中华人民共和国劳动法》

扫码查阅法律全文

《中华人民共和国出境入境管理法》

学习导读

《中华人民共和国出境入境管理法》(以下简称出入境管理法)于2012年公布，自2013年7月1日起施行。

出入境管理法旨在规范出境入境管理，维护中华人民共和国的主权、安全和社会秩序，促进对外交往和对外开放。

内容概要

出入境管理法共8章、93条，分别为：总则，中国公民出境入境，外国人入境出境，外国人停留居留，交通运输工具出境入境边防检查，调查和遣返，法律责任，附则。

学习目标

出入境管理法对中国公民的出入境、外国人出入境及相关程序作出了基本规定。国铁企业各管理岗位人员均须学习了解出入境管理法，确保依法出境入境，自觉维护良好的出入境管理秩序和涉外治安稳定。

学习要求

各管理岗位：第一章总则，第二章中国公民出境入境，第七章法律责任。

关联学法

《中华人民共和国出境入境边防检查条例》

扫码查阅法律全文

《中华人民共和国产品质量法》

学习导读

《中华人民共和国产品质量法》(以下简称产品质量法)于 1993 年公布，自 1993 年 9 月 1 日起施行，历经 2000 年、2009 年、2018 年修正。

产品质量法旨在加强对产品质量的监督管理，提高产品质量水平，明确产品质量责任，保护消费者的合法权益，维护社会经济秩序。

内容概要

产品质量法共 6 章、74 条，分别为：总则，产品质量的监督，生产者、销售者的产品质量责任和义务，损害赔偿，罚则，附则。

学习目标

产品质量法是产品质量监督管理、保护消费者合法权益的重要法律依据。国铁企业各管理岗位人员均须学习了解产品质量法，经营开发、物资管理、铁路运输岗位人员应当重点掌握并正确运用相关条款，建立健全国铁企业产品质量管理制度，推行科学的质量管理方法，持续提升国铁企业产品质量和服务水平。

学习要求

一、共性内容

各管理岗位：第一章总则，第四章损害赔偿。

二、个性内容

经营开发、物资管理、铁路运输岗位：全部章节条款。

关联学法

《中华人民共和国民法典》

《中华人民共和国消费者权益保护法》

《中华人民共和国反不正当竞争法》

《中华人民共和国食品安全法》

扫码查阅法律全文

《中华人民共和国节约能源法》

学习导读

《中华人民共和国节约能源法》(以下简称节约能源法)于1997年公布，2007年修订，自2008年4月1日起施行，历经2016年、2018年修正。

节约能源法旨在推动全社会节约能源，提高能源利用效率，保护和改善环境，促进经济社会全面协调可持续发展。

内容概要

节约能源法共7章、87条，分别为：总则，节能管理，合理使用与节约能源，节能技术进步，激励措施，法律责任，附则。

学习目标

节约能源法是推动节能管理、保护和改善环境的重要法律依据。国铁企业各管理岗位人员均须学习了解节约能源法，计统规划、铁路建设、铁路运输、经营开发、科技信息、物资管理岗位人员应当重点掌握并正确运用相关条款，熟悉节能概念，通过细化制度加强用能管理，降低消耗、减少损失，高效利用能源，积极发展节能新技术，将铁路企业打造成绿色节能型企业。

学习要求

一、共性内容

各管理岗位：第一章总则。

二、个性内容

计统规划岗位：全部章节条款。

铁路建设、铁路运输、经营开发、物资管理岗位：第二章节能管理，第三章合理使用与节约能源，第四章节能技术进步。

科技信息岗位：第四章节能技术进步。

关联学法

《中华人民共和国可再生能源法》

扫码查阅法律全文

《中华人民共和国企业破产法》

学习导读

《中华人民共和国企业破产法》(以下简称企业破产法)于2006年公布，自2007年6月1日起施行。

企业破产法旨在规范企业破产程序，公平清理债权债务，保护债权人和债务人的合法权益，维护社会主义市场经济秩序。

内容概要

企业破产法共12章、136条，分别为：总则，申请和受理，管理人，债务人财产，破产费用和共益债务，债权申报，债权人会议，重整，和解，破产清算，法律责任，附则。

学习目标

企业破产法是规范企业破产程序，保障债权人和债务人合法权益的重要法律依据。国铁企业经营开发、财务管理、法律事务岗位人员应当重点掌握并正确运用相关条款，加强对企业债权债务管理，一方面要对符合破产条件的企业及时作出处置，优化企业资源配置，另一方面要在债务人不能清偿到期债务时主动维权，依法维护国铁股东权益。

学习要求

经营开发、财务管理、法律事务岗位：全部章节条款。

关联学法

《中华人民共和国民法典》

《中华人民共和国公司法》

《中华人民共和国民事诉讼法》

企业破产法相关司法解释

扫码查阅法律全文

《政府投资条例》

学习导读

《政府投资条例》(以下简称条例)于2018年公布，自2019年7月1日起施行。

条例旨在充分发挥政府投资作用，提高政府投资效益，规范政府投资行为，激发社会投资活力。

内容概要

条例共7章、39条，分别为:总则，政府投资决策，政府投资年度计划，政府投资项目实施，监督管理，法律责任，附则。

学习目标

条例对政府投资决策、年度计划、项目实施等相关内容作出了基本规定。国铁企业计统规划、财务管理、铁路建设岗位人员应当重点掌握并正确运用相关条款，合理编制投资计划，科学开展投资合作，有效推动投资项目实施。

学习要求

计统规划岗位：全部章节条款。

财务管理岗位：第一章总则，第三章政府投资年度计划，第四章政府投资项目实施。

铁路建设岗位：第一章总则，第四章政府投资项目实施。

关联学法

《中华人民共和国预算法》

《中华人民共和国预算法实施条例》

《企业投资项目核准和备案管理条例》

扫码查阅法律全文

《互联网信息服务管理办法》

学习导读

《互联网信息服务管理办法》(以下简称办法)于2000年9月25日公布，2011年修订，自公布之日起施行。

办法旨在规范互联网信息服务活动，促进互联网信息服务健康有序发展。

内容概要

办法共27条。

学习目标

办法对互联网信息服务许可、经营性和非经营性互联网信息服务、互联网信息服务者的权利义务等相关内容作出了基本规定。国铁企业科技信息、宣传岗位人员应当重点掌握并正确运用相关条款，在业务活动中规范提供经营性、非经营性互联网信息服务。

学习要求

科技信息、宣传岗位：全部条款。

关联学法

《中华人民共和国网络安全法》

《信息网络传播权保护条例》

《计算机信息网络国际联网安全保护管理办法》

扫码查阅法律全文

《中华人民共和国政府信息公开条例》

学习导读

《中华人民共和国政府信息公开条例》（以下简称条例）于 2007 年公布，2019 年修订，自 2019 年 5 月 15 日起施行。

条例旨在保障公民、法人和其他组织依法获取政府信息，提高政府工作的透明度，建设法治政府，充分发挥政府信息对人民群众生产、生活和经济社会活动的服务作用。

内容概要

条例共 6 章、56 条，分别为：总则，公开的主体和范围，主动公开，依申请公开，监督和保障，附则。

学习目标

条例对政府信息公开的主体和范围，主动公开和依申请公开等相关内容作出了基本规定。国铁企业各管理岗位人员均须学习了解条例，科技信息、保密机要、宣传岗位人员应当重点掌握并正确运用相关条款，按规定申请、公开与业务关联的信息，依法保障企业和社会公众行使知情权。

学习要求

一、共性内容

各管理岗位：第一章总则，第二章公开的主体和范围，第四章依申请公开。

二、个性内容

科技信息、保密机要、宣传岗位：全部章节条款。

关联学法

《中华人民共和国行政许可法》

《中华人民共和国行政复议法》

《中华人民共和国行政诉讼法》

现代化铁路治理体系相关法律

扫码查阅法律全文

《中华人民共和国公司法》

学习导读

《中华人民共和国公司法》（以下简称公司法）于1993年公布，历经1999年、2004年修正，2005年修订，2013年、2018年修正，2023年修订，自2024年7月1日起施行。

公司法旨在规范公司的组织和行为，保护公司、股东、职工和债权人的合法权益，完善中国特色现代企业制度，弘扬企业家精神，维护社会经济秩序，促进社会主义市场经济的发展。

内容概要

公司法共15章、266条，分别为：总则，公司登记，有限责任公司的设立和组织机构，有限责任公司的股权转让，股份有限公司的设立和组织机构，股份有限公司的股份发行和转让，国家出资公司组织机构的特别规定，公司董事、监事、高级管理人员的资格和义务，公司债券，公司财务、会计，公司合并、分立、增资、减资，公司解散和清算，外国公司的分支机构，法律责任，附则。

学习目标

公司法是规范企业的组织和行为、保障企业合法权益的重要法律依据。

国铁企业各管理岗位人员均须学习了解公司法，法律事务、经营开发、财务管理、组织人事岗位人员应当重点掌握并正确运用相关条款，加强公司出资管理，完善现代公司治理，维护国铁股东权益，健全合规管理机制，不断提升依法治企水平，推进铁路治理体系和治理能力现代化，建设世界一流企业。

学习要求

一、共性内容

各管理岗位：第一章总则，第二章公司登记，第三章有限责任公司的设立和组织机构，第五章股份有限公司的设立和组织机构。

二、个性内容

法律事务、经营开发岗位：全部章节条款。

财务管理岗位：第四章有限责任公司的股权转让，第六章股份有限公司的股份发行和转让，第九章公司债券，第十章公司财务、会计，第十一章公司合并、分立、增资、减资，第十二章公司解散和清算。

组织人事岗位：第八章公司董事、监事、高级管理人员的资格和义务。

关联学法

《中华人民共和国民法典》

《中华人民共和国证券法》

《中华人民共和国企业破产法》

《中华人民共和国市场主体登记管理条例》

《企业名称登记管理规定》

《国务院关于实施〈中华人民共和国公司法〉注册资本登记管理制度的规定》

公司法相关司法解释

扫码查阅法律全文

《中华人民共和国反垄断法》

学习导读

《中华人民共和国反垄断法》（以下简称反垄断法）于2007年公布，自2008年8月1日起施行，2022年修正。

反垄断法旨在预防和制止垄断行为，保护市场公平竞争，鼓励创新，提高经济运行效率，维护消费者利益和社会公共利益，促进社会主义市场经济健康发展。

内容概要

反垄断法共8章、70条，分别为：总则，垄断协议，滥用市场支配地位，经营者集中，滥用行政权力排除、限制竞争，对涉嫌垄断行为的调查，法律责任，附则。

学习目标

反垄断法是保护市场公平竞争、鼓励创新、规范经营者行为的重要法律依据。国铁企业计统规划、经营开发、法律事务岗位人员应当重点掌握并正确运用相关条款，加强对企业经营活动的规范管理，依法参与市场公平竞争，提高企业运行效率与依法治企水平。

学习要求

计统规划、经营开发、法律事务岗位：全部章节条款。

关联学法

《中华人民共和国民法典》

《中华人民共和国反不正当竞争法》

扫码查阅法律全文

《中华人民共和国反不正当竞争法》

学习导读

《中华人民共和国反不正当竞争法》（以下简称反不正当竞争法）于1993年公布，2017年修订，自2018年1月1日起施行，2019年修正。

反不正当竞争法旨在促进社会主义市场经济健康发展，鼓励和保护公平竞争，制止不正当竞争行为，保护经营者和消费者的合法权益。

内容概要

反不正当竞争法共5章、33条，分别为：总则，不正当竞争行为，对涉嫌不正当竞争行为的调查，法律责任，附则。

学习目标

反不正当竞争法是规范经营者的竞争行为以及制止不正当竞争行为的重要法律依据。国铁企业经营开发、铁路运输、法律事务岗位人员应当重点掌握并正确运用相关条款，一方面要加强对企业经营活动的规范管理，健全合规管理制度、廉洁管理制度，不断提升依法治企水平；另一方面要做好主动维权工作，依法制止损害国铁企业利益的不正当竞争行为，维护企业合法权益。

学习要求

经营开发、铁路运输、法律事务岗位：全部章节条款。

关联学法

《中华人民共和国民法典》
《中华人民共和国反垄断法》
《中华人民共和国广告法》
《中华人民共和国行政强制法》
《中华人民共和国行政处罚法》
反不正当竞争法相关司法解释

扫码查阅法律全文

《中华人民共和国商标法》

学习导读

《中华人民共和国商标法》（以下简称商标法）于1982年公布，自1983年3月1日起施行，历经1993年、2001年、2013年、2019年修正。

商标法旨在加强商标管理，保护商标专用权，促使生产、经营者保证商品和服务质量，维护商标信誉，以保障消费者和生产、经营者的利益，促进社会主义市场经济的发展。

内容概要

商标法共8章、73条，分别为：总则，商标注册的申请，商标注册的审查和核准，注册商标的续展、变更、转让和使用许可，注册商标的无效宣告，商标使用的管理，注册商标专用权的保护，附则。

学习目标

商标法是规范商标管理，保护商标专用权，维护商标信誉的重要法律依据。国铁企业各管理岗位人员均须学习了解商标法，法律事务、铁路运输、经营开发、宣传岗位人员应当重点掌握并正确运用相关条款，加强企业商标管理，确保企业商标的合法性和有效性，识别和防范商标侵权行为，正确使用注册商标，提升国铁品牌形象和竞争力，推动国铁企业品牌市场化。

学习要求

一、共性内容

各管理岗位：第一章总则，第二章商标注册的申请。

二、个性内容

法律事务、经营开发岗位：全部章节条款。

铁路运输、宣传岗位：第六章商标使用的管理，第七章注册商标专用权的保护。

关联学法

《中华人民共和国民法典》

《中华人民共和国专利法》

《中华人民共和国著作权法》

《中华人民共和国反垄断法》

《中华人民共和国反不正当竞争法》

《中华人民共和国商标法实施条例》

商标法相关司法解释

扫码查阅法律全文

《中华人民共和国著作权法》

学习导读

《中华人民共和国著作权法》(以下简称著作权法)于1990年公布,自1991年6月1日起施行,历经2001年、2010年、2020年修正。

著作权法旨在保护文学、艺术和科学作品作者的著作权,以及与著作权有关的权益,鼓励有益于社会主义精神文明、物质文明建设的作品的创作和传播,促进社会主义文化和科学事业的发展与繁荣。

内容概要

著作权法共6章、67条,分别为:总则,著作权,著作权许可使用和转让合同,与著作权有关的权利,著作权和与著作权有关的权利的保护,附则。

学习目标

著作权法是规范著作权管理,维护与著作权有关权益的重要法律依据。国铁企业宣传、科技信息、法律事务岗位人员应当重点掌握并正确运用相关条款,加强著作权获取及维护管理,优化著作权归属管理,完善创新成果保护措施,建立合规管理运行机制,识别防控权益运用风险,持续提升科技创新效率效能，加快构建现代化铁路科技创新体系，建设智慧国铁企业。

学习要求

宣传岗位：全部章节条款。

科技信息、法律事务岗位：第一章总则，第二章著作权，第三章著作权许可使用和转让合同，第五章著作权和与著作权有关的权利的保护。

关联学法

《中华人民共和国民法典》

《中华人民共和国专利法》

《中华人民共和国商标法》

《中华人民共和国反不正当竞争法》

《中华人民共和国著作权法实施条例》

《计算机软件保护条例》

《信息网络传播权保护条例》

著作权法相关司法解释

扫码查阅法律全文

《中华人民共和国民事诉讼法》

学习导读

《中华人民共和国民事诉讼法》(以下简称民事诉讼法)于1991年4月9日公布,自公布之日起施行,历经2007年、2012年、2017年、2021年、2023年修正。

民事诉讼法旨在保护当事人行使诉讼权利,保证人民法院查明事实,分清是非,正确适用法律,及时审理民事案件,确认民事权利义务关系,制裁民事违法行为,保护当事人的合法权益,教育公民自觉遵守法律,维护社会秩序、经济秩序,保障社会主义建设事业顺利进行。

内容概要

民事诉讼法共4编、306条,分别为:第一编总则(包括任务、适用范围和基本原则,管辖,审判组织,回避,诉讼参加人,证据,期间、送达,调解,保全和先予执行,对妨害民事诉讼的强制措施,诉讼费用);第二编审判程序(包括第一审普通程序,简易程序,第二审程序,特别程序,审判监督程序,督促程序,公示催告程序);第三编执行程序(包括一般规定,执行的申请和移送,执行措施,执行中止和终结);第四编涉外民事诉讼程序的特别规定(包括一般原则,管辖,送达、调查取证、期间,仲裁,司法协助)。

学习目标

民事诉讼法是我国最重要的程序法之一，是保障民事法律有效实施的重要法律依据，对于人民法院查明事实、保护当事人合法权益，保障社会主义建设事业顺利进行具有重要意义。国铁企业各管理岗位人员均须学习了解民事诉讼法，法律事务岗位人员应当重点掌握并正确运用相关条款，熟悉民事诉讼的完整流程及管辖、证据、审判程序等基本制度，依法维护自身和企业合法权益。

学习要求

一、共性内容

各管理岗位：第一编总则（包括第一章任务、适用范围和基本原则，第二章管辖，第五章诉讼参加人，第六章证据）；第二编审判程序（包括第十二章第一审普通程序，第十三章简易程序，第十四章第二审程序）。

二、个性内容

法律事务岗位：全部章节条款。

关联学法

《中华人民共和国民法典》

民事诉讼法相关司法解释

扫码查阅法律全文

《中华人民共和国仲裁法》

学习导读

《中华人民共和国仲裁法》(以下简称仲裁法)于1994年公布,自1995年9月1日起施行,历经2009年、2017年修正。

仲裁法旨在保证公正、及时地仲裁经济纠纷,保护当事人的合法权益,保障社会主义市场经济健康发展。

内容概要

仲裁法共8章、80条,分别为:总则,仲裁委员会和仲裁协会,仲裁协议,仲裁程序,申请撤销裁决,执行,涉外仲裁的特别规定,附则。

学习目标

仲裁法对我国仲裁的程序、仲裁机构的组成、仲裁效力等仲裁基本内容作出了规定。国铁企业法律事务岗位人员应当重点掌握并正确运用相关条款,结合实际运用好仲裁这一争议解决手段,切实维护企业合法权益。

学习要求

法律事务岗位：第一章总则，第三章仲裁协议，第四章仲裁程序，第五章申请撤销裁决。

关联学法

《中华人民共和国民事诉讼法》
《中华人民共和国劳动仲裁法》
《仲裁委员会仲裁收费办法》
《仲裁委员会登记暂行办法》
仲裁法相关司法解释

扫码查阅法律全文

《中华人民共和国行政许可法》

学习导读

《中华人民共和国行政许可法》（以下简称行政许可法）于 2003 年公布，自 2004 年 7 月 1 日起施行，2019 年修正。

行政许可法旨在规范行政许可的设定和实施，保护公民、法人和其他组织的合法权益，维护公共利益和社会秩序，保障和监督行政机关有效实施行政管理。

内容概要

行政许可法共 8 章、83 条，分别为：总则，行政许可的设定，行政许可的实施机关，行政许可的实施程序，行政许可的费用，监督检查，法律责任，附则。

学习目标

行政许可法是规范行政许可设定和实施，保障和监督行政机关有效实施行政管理的重要法律依据。国铁企业各管理岗位人员均须学习了解行政许可法，遵守行政许可各项规定，规范取得行政许可，依法合规开展生产经营活动。

学习要求

各管理岗位：第一章总则，第二章行政许可的设定，第四章行政许可的实施程序，第六章监督检查。

关联学法

《中华人民共和国行政强制法》

《中华人民共和国行政处罚法》

《中华人民共和国行政复议法》

《中华人民共和国行政诉讼法》

扫码查阅法律全文

《中华人民共和国行政处罚法》

学习导读

《中华人民共和国行政处罚法》(以下简称行政处罚法)于1996年公布，历经2009年、2017年修正，2021年修订，自2021年7月15日起施行。

行政处罚法旨在规范行政处罚的设定和实施，保障和监督行政机关有效实施行政管理，维护公共利益和社会秩序，保护公民、法人或者其他组织的合法权益。

内容概要

行政处罚法共8章、86条，分别为：总则，行政处罚的种类和设定，行政处罚的实施机关，行政处罚的管辖和适用，行政处罚的决定，行政处罚的执行，法律责任，附则。

学习目标

行政处罚法是规范行政处罚的设定和实施，保障和监督行政机关有效实施行政管理的重要法律依据。国铁企业各管理岗位人员均须学习了解行政处罚法，依法合规经营，避免受到行政处罚，保护企业及个人合法权益。

学习要求

各管理岗位：第一章总则，第二章行政处罚的种类和设定，第三章行政处罚的实施机关，第五章行政处罚的决定，第六章行政处罚的执行。

关联学法

《中华人民共和国行政许可法》
《中华人民共和国行政强制法》
《中华人民共和国行政复议法》
《中华人民共和国行政诉讼法》

扫码查阅法律全文

《中华人民共和国行政强制法》

学习导读

《中华人民共和国行政强制法》（以下简称行政强制法）于 2011 年公布，自 2012 年 1 月 1 日起施行。

行政强制法旨在规范行政强制的设定和实施，保障和监督行政机关依法履行职责，维护公共利益和社会秩序，保护公民、法人和其他组织的合法权益。

内容概要

行政强制法共 7 章、71 条，分别为：总则，行政强制的种类和设定，行政强制措施实施程序，行政机关强制执行程序，申请人民法院强制执行，法律责任，附则。

学习目标

行政强制法是规范行政强制的设定和实施，保障和监督行政机关依法履行职责的重要法律依据。国铁企业各管理岗位人员均须学习了解行政强制法，遵守法律法规，依法落实行政决定，保护企业及个人合法权益。

学习要求

各管理岗位：第一章总则，第二章行政强制的种类和设定，第三章行政强制措施实施程序，第四章行政机关强制执行程序。

关联学法

《中华人民共和国行政许可法》
《中华人民共和国行政处罚法》
《中华人民共和国行政复议法》
《中华人民共和国行政诉讼法》

扫码查阅法律全文

《中华人民共和国行政复议法》

学习导读

《中华人民共和国行政复议法》（以下简称行政复议法）于1999年公布，历经2009年、2017年修正，2023年修订，自2024年1月1日起施行。

行政复议法旨在防止和纠正违法的或者不当的行政行为，保护公民、法人和其他组织的合法权益，监督和保障行政机关依法行使职权，发挥行政复议化解行政争议的主渠道作用，推进法治政府建设。

内容概要

行政复议法共7章、90条，分别为：总则，行政复议申请，行政复议受理，行政复议审理，行政复议决定，法律责任，附则。

学习目标

行政复议法是化解行政争议的重要法律依据。国铁企业各管理岗位人员均须学习了解行政复议法，法律事务岗位人员应当重点掌握并正确运用相关条款，配合和监督行政机关依法行使职权，保护企业及个人合法权益。

学习要求

一、共性内容

各管理岗位:第一章总则，第二章行政复议申请，第三章行政复议受理。

二、个性内容

法律事务岗位：全部章节条款。

关联学法

《中华人民共和国行政诉讼法》

《中华人民共和国行政复议法实施条例》

行政复议法相关司法解释

扫码查阅法律全文

《中华人民共和国行政诉讼法》

学习导读

《中华人民共和国行政诉讼法》(以下简称行政诉讼法)于1989年公布，自1990年10月1日起施行，历经2014年、2017年修正。

行政诉讼法旨在保证人民法院公正、及时审理行政案件，解决行政争议，保护公民、法人和其他组织的合法权益，监督行政机关依法行使职权。

内容概要

行政诉讼法共10章、103条，分别为：总则，受案范围，管辖，诉讼参加人，证据，起诉和受理，审理和判决，执行，涉外行政诉讼，附则。

学习目标

行政诉讼法是保证人民法院公正、及时审理行政案件，解决行政争议的重要法律依据。国铁企业各管理岗位人员均须学习了解行政诉讼法，法律事务岗位人员应当重点掌握并正确运用相关条款，配合监督行政机关依法行使职权，有效维护国铁企业合法权益。

学习要求

一、共性内容

各管理岗位：第一章总则，第二章受案范围，第五章证据，第六章起诉和受理，第八章执行。

二、个性内容

法律事务岗位：全部章节条款。

关联学法

《中华人民共和国行政复议法》

行政诉讼法相关司法解释

扫码查阅法律全文

《中华人民共和国律师法》

学习导读

《中华人民共和国律师法》（以下简称律师法）于1996年公布，历经2001年修正，2007年修订，自2008年6月1日起施行，2012年、2017年修正。

律师法旨在完善律师制度，规范律师执业行为，保障律师依法执业，发挥律师在社会主义法制建设中的作用。

内容概要

律师法共7章、60条，分别为：总则，律师执业许可，律师事务所，律师的业务和权利、义务，律师协会，法律责任，附则。

学习目标

律师法是规范律师执业行为、保障律师依法执业的重要法律依据。国铁企业法律事务岗位人员应当重点掌握并正确运用相关条款，不断完善铁路律师及外聘律师管理制度，加强队伍建设，规范执业行为，在维护国铁企业合法权益工作中充分发挥律师作用。

学习要求

法律事务岗位：第一章总则，第二章律师执业许可，第四章律师的业务和权利、义务，第六章法律责任。

关联学法

《中华人民共和国民事诉讼法》
《中华人民共和国刑事诉讼法》
《中华人民共和国仲裁法》
《中华人民共和国行政诉讼法》

扫码查阅法律全文

《中华人民共和国涉外民事关系法律适用法》

学习导读

《中华人民共和国涉外民事关系法律适用法》（以下简称涉外民事关系法律适用法）于2010年公布，自2011年4月1日起施行。

涉外民事关系法律适用法旨在合理解决涉外民事争议，维护当事人的合法权益。

内容概要

涉外民事关系法律适用法共8章、52条，分别为：一般规定，民事主体，婚姻家庭，继承，物权，债权，知识产权，附则。

学习目标

涉外民事关系法律适用法是我国民事法律的重要组成部分，为解决涉外民事争议，维护当事人合法权益提供了法律依据。国铁企业法律事务岗位人员应当重点学习并正确运用相关条款，不断提升涉外法律事务能力，为铁路企业“走出去”提供法律服务，有效防范和化解涉外法律风险。

学习要求

法律事务岗位：全部章节条款。

关联学法

《中华人民共和国民法典》

《中华人民共和国民事诉讼法》

涉外民事关系法律适用法相关司法解释

扫码查阅法律全文

《中华人民共和国工会法》

学习导读

《中华人民共和国工会法》（以下简称工会法）于1992年4月3日公布，自公布之日起施行，历经2001年、2009年、2021年修正。

工会法旨在保障工会在国家政治、经济和社会生活中的地位，确定工会的权利与义务，发挥工会在社会主义现代化建设事业中的作用。

内容概要

工会法共7章、58条，分别为：总则，工会组织，工会的权利和义务，基层工会组织，工会的经费和财产，法律责任，附则。

学习目标

工会法是明确工会法律地位和工作职责的基本法律依据，是工会组织依法开展工作的重要保障。国铁企业各管理岗位人员均须学习了解工会法，工会岗位人员应当重点掌握并正确运用相关条款，充分发挥工会职能，维护职工合法权益，构建和谐劳动关系，积极回应工会工作面临的新情况新问题，扎实推进工会工作法治化建设，不断增强工会组织的吸引力、凝聚力和战斗力，推动铁路工会事业和工会工作高质量发展。

学习要求

一、共性内容

各管理岗位：第一章总则，第三章工会的权利和义务。

二、个性内容

工会岗位：全部章节条款。

关联学法

《中华人民共和国民法典》

《中华人民共和国公司法》

《中华人民共和国劳动法》

《中华人民共和国劳动合同法》

《中华人民共和国妇女权益保障法》

《中华人民共和国老年人权益保障法》

工会法相关司法解释

扫码查阅法律全文

《中华人民共和国文物保护法》

学习导读

《中华人民共和国文物保护法》（以下简称文物保护法）于1982年公布，历经1991年修正，2002年修订，2007年、2013年、2015年、2017年修正，2024年修订，自2025年3月1日起施行。

文物保护法旨在加强对文物的保护，传承中华民族优秀历史文化遗产，促进科学研究工作，进行爱国主义和革命传统教育，增强历史自觉、坚定文化自信，建设社会主义精神文明和物质文明。

内容概要

文物保护法共8章、101条，分别为：总则，不可移动文物，考古发掘，馆藏文物，民间收藏文物，文物出境进境，法律责任，附则。

学习目标

文物保护法是文物保护领域的重要法律依据。国铁企业宣传、档案管理岗位人员应当重点掌握并正确运用相关条款，妥善处理文物保护和使用的关系，确保铁路文物安全，加强文物价值挖掘阐释，让文物“活起来”，鼓励、支持干部职工和社会公众参与铁路文物保护事业。

学习要求

宣传、档案管理岗位：全部章节条款。

关联学法

《中华人民共和国档案法》

《中华人民共和国文物保护法实施条例》

扫码查阅法律全文

《中华人民共和国档案法》

学习导读

《中华人民共和国档案法》（以下简称档案法）于1987年公布，历经1996年、2016年修正，2020年修订，自2021年1月1日起施行。

档案法旨在加强档案管理，规范档案收集、整理工作，有效保护和利用档案，提高档案信息化建设水平，推进国家治理体系和治理能力现代化，为中国特色社会主义事业服务。

内容概要

档案法共8章、53条，分别为:总则，档案机构及其职责，档案的管理，档案的利用和公布，档案信息化建设，监督检查，法律责任，附则。

学习目标

档案法是档案工作的基本法，对于促进新时代档案事业高质量发展具有重大意义和深远影响。国铁企业档案管理岗位人员应当重点掌握并正确运用相关条款，用好用活铁路档案资源，通过档案开展好路史路情教育，弘扬企业精神，推动档案事业高质量发展。

学习要求

档案管理岗位：全部章节条款。

关联学法

《中华人民共和国文物保护法》

《中华人民共和国档案法实施条例》

扫码查阅法律全文

《中华人民共和国市场主体登记管理条例》

学习导读

《中华人民共和国市场主体登记管理条例》（以下简称市场主体登记管理条例）于2021年公布，自2022年3月1日起施行。

市场主体登记管理条例旨在规范市场主体登记管理行为，推进法治化市场建设，维护良好市场秩序和市场主体合法权益，优化营商环境。

内容概要

市场主体登记管理条例共6章、55条，分别为：总则，登记事项，登记规范，监督管理，法律责任，附则。

学习目标

市场主体登记管理条例是规范市场主体登记行为，保障市场主体依法合规、规范统一、公开透明、便捷高效登记的重要法律依据。国铁企业经营开发、法律事务岗位人员应当重点掌握并正确运用相关条款，熟悉市场主体登记流程和具体要求，不断规范国铁企业登记及备案工作。

学习要求

经营开发、法律事务岗位：全部章节条款。

关联学法

《中华人民共和国公司法》

《企业信息公示暂行条例》

《中华人民共和国市场主体登记管理条例实施细则》

《企业名称登记管理规定》